室設圈
漂亮家居

Insight · Think Tank · Ecosystem **NO.7**

Chief Publisher — Hung Tze Jan · Fei Peng Ho
CEO — Fei Peng Ho
PCH Group President — Kelly Lee
Head of Operation — Ivy Lin

Editor-in-Chief — Vera Chang
Managing Editor — Peihua Yu
Managing Editor — Patricia Hsu
Deputy Managing Editor — Dana Chen
Managing Art Editor — Pearl Chang
Marketing Specialist — Huiju Chang
Social Media Marketing Specialist — Una Lin
Marketing Assistant — Chihling Fan

TV Manager Director in Chief — Lumiere Kuo
TV Director — Vicky Huang
TV Director — Jason Huang
TV Assistant Director — Jessica Wu
TV Post-production Director — Weijia Wang
TV Marketing Specialist — Yating Chou
TV Marketing Specialist — Wanzhen Lin
TV Marketing Specialist — Jacob Hu

Web Manager — Wesley Yang
Web Deputy Manager — Liwen Cheng
Web Deputy Manager — Ellen Hsu
Web Deputy Manager — Annie Huang
Web Technology Deputy Engineer — Haley Lee
Web Engineer — William Chang
Web Editor Supervisor — Josephine Tsao
Web Senior Editor — Angie Cheng
Web Editor — Annie Zeng
Web Editor — Jessie Chang
Web Image Editor — Hsinyu Chuang
Web Video Production — Astor Lin
Web Marketing Supervisor — Iris Chen
Web Marketing Supervisor — Joyce Li
Web Marketing Specialist — Sara Li
Web Marketing Specialist — Keith Wu
Web Marketing Specialist — Nini Hua
Web Client Service Team Leader — Zoe Lin
Web Art Supervisor — Muffy Su
Rights Supervisor — Alice Lee

Operations Director/ Integrated New Media Department — Anna Chang
Content Vice Director / Integrated New Media Department — Ammon Lin
Managing Editor / Integrated New Media Department — Phyllis Tsai
Social Media Supervisor / Integrated New Media Department — Heidi Huang
Marketing Specialist / Integrated New Media Department — Max Hsu
Image Editor ╱ Integrated New Media Department — Zack Wu

Manager / Dept. of Media Integration & Marketing — Alan Kuo
Manager / Dept. of Media Integration & Marketing — Sophia Yang
Deputy Manager / Dept. of Media Integration & Marketing — Zoey Li
Supervisor / Dept. of Media Integration & Marketing — Grace Yen
Planner / Dept. of Media Integration & Marketing — Cherry Yang
Planner / Dept. of Media Integration & Marketing — Mandie Hung
Project Deputy Manager / Dept. of Media Integration & Marketing — Perry Wang
Project Specialist / Dept. of Media Integration & Marketing — Coco_Lee
Managing Editor / Dept. of Media Integration & Marketing — Chloe Chen
Senior Admin. Specialist / Dept. of Media Integration & Marketing — Claire Lin
Client Service Team Leader/ Dept. of Media Integration & Marketing — Winnie Wang
Client Service Specialist / Dept. of Media Integration & Marketing — Michelle Chang
Rights Specialist, IMC. Supervisor — Yi Hsuan Wu
Financial Special Assistant, Admin. Dept. — Rita Kao
Senior Admin. Specialist, Admin. Dept. — Pei Wen Lan

HMG Operation Center
General Manager — Alex Yeh
Sales General Manager — Ramson Lin
Finance & Accounting Division / Vice General Manager — Kevin Huang
Magazine Sales Dept. ╱ Senior Manager — Sandy Wang
Logistics Dept. ╱ Manager — Jones Lin
Magazine Client Services Center ╱ Senior Manager — Anne Chung
Magazine Client Services Center ╱ Deputy Manager — Grace Wang
Magazine Client Services Center ╱ Supervisor — Ann Wang
Call Center ╱ Supervisor — Wen-Fang Hsieh
Call Center ╱ Assistant Team Leader — Meimei Liang
Finance & Accounting Division ╱ Assistant Vice President — Emma Lee
Finance & Accounting Division ╱ Supervisor — Silver Lin
Finance & Accounting Division ╱ Supervisor — Sammy Liu
Human Resources Dept. ╱ Manager — Christy Lin
Print Center ╱ Senior Manager — Jing-Wei Wang

PCH Back Office
Operator — Yahsuan Wang
Taiwan Operation Center
Chief Operating Officer — Ada Lee
Director, Finance & Accounting Dept. — Avery Chang
Director, Legai Dept. — Sam Chiu
Assistant Manager, Administration Dept — Emi Lee
Director, Human Resources Dept. – Alex Yeh
Manager, Human Resources Dept. — Rose Lin
Manager, Administration Dept. — Serena Chen
Director, Technical Center — Uriah Wu
Deputy Director, Technical Center — Steven Chang
Manager, Technical Center — Eric Wang

Cite Publishers

7F, No.16, Kunyang St., Nangang Dist., Taipei City 115, Taiwan
Tel : 886-2-25007578 Fax : 886-2-25001915
E-mail : csc@cite.com.tw
Open : 09 : 30 ～ 12 : 00；13 : 30 ～ 17 : 00 (Monday ～ Friday)
Color Separation : KOLOR COLOR PRINTING CO.,LTD.

Printer : KOLOR COLOR PRINTING CO.,LTD.
Printed In Taiwan

目錄

NO.7　　2024

Contents

caesar

E.FANCY 自動掀蓋 CA1387

CAESAR官網

北內湖 瓷藝光廊
2795-1802
北市內湖區民善街85號

台中南屯 瓷藝光廊
04-2472-5252
台中市南屯區文心路一段138號

嘉義西區 展示中心
05-285-9551
嘉義市西區健康十二路277號

台南東區 展示中心
06-331-8805
臺南市東區裕義路586號

高雄左營 瓷藝光廊
07-359-5378
高雄市左營區民族一路1188號

目 錄

NO.7　　2024

Contents

TOPIC

2024 地產設計特集

接待中心 ESG 新思維：
聯合銷售中心、設計永續性、空間再利用、外接待模式

MARCOBELLI
馬可貝里磁磚
ITALY

DA18P002
卡拉卡塔金

90x180星曜米蘭系列 磅礡上市
世界再有事 也要有生活儀式
義式美學紋理 盡在馬可貝里

目 錄

NO.7　　　2024

VISION

BEYOND

ACTIVITY

Contents

365 天，打開眼界・探索 i 室設圈 7 大領域

從設計新鮮人到設計 CEO・必看！ 從設計計畫到創業計畫・必學！

01 業界新聞
News

02 精選專題
Topic

03 深度訪談
People

04 營運智庫
Career

05 資料庫
Database

06 平面圖解析
Ideas

07 職場進修
Class

室設圈
漂亮家居

洞見・智庫・生態系　　　　　　　　NO.7

創辦人／詹宏志・何飛鵬
首席執行長／何飛鵬
PCH 集團生活事業群總經理／李淑霞
社長／林孟葦

總編輯／張麗寶
主編／余佩樺
主編／許嘉芬
副主編／陳岱華
美術主編／張巧佩
行銷專員／張慧如
社群企劃／林廷宇
行銷助理／范芷菱

電視節目經理兼總導演／郭士萱
電視節目編導／黃香綺
電視節目編導／黃子驥
電視節目副編導／吳婉菁
電視節目後製編導／王維嘉
電視節目企劃／周雅婷
電視節目企劃／林婉真
電視節目企劃／胡士

網站經理／楊秉寰
網站副理／鄭力文
網站副理／徐憶齡
網站副理／黃慧萍
網站技術副理／李皓倫
網站工程師／張慶緯
網站採訪主任／曹靜宜
網站資深採訪編輯／鄭育安
網站採訪編輯／曾紫婕
網站採訪編輯／張若榤
網站影像採訪編輯／莊欣語
網站影像製作／林書伃
網站行銷主任／陳思穎
網站行銷主任／李佳穎
網站行銷企劃／李宛蓉
網站行銷企劃／吳冠穎
網站行銷企劃／華詩霓
網站客戶服務組長／林雅柔
網站設計主任／蘇淑薇
內容資料主任／李愛齡

整合新媒體專案營運部營運總監／張文怡
整合新媒體專案營運部內容副總監／林柏成
整合新媒體專案營運部內容主編／蔡竺玲
整合新媒體專案營運部社群營運主任／黃敏惠
整合新媒體專案營運部行銷企劃／許賀凱
整合新媒體專案營運部影音編輯／吳長紘

整合媒體部經理／郭炳輝
整合媒體部業務經理／楊子儀
整合媒體部業務副理／李長蓉
整合媒體部業務主任／顏安妤
整合媒體部規劃師／楊壹晴
整合媒體部規劃師／洪雅鎔
整合媒體部專案企劃副理／王婉綾
整合媒體部專案企劃／李彥君
整合媒體部主編／陳思靜
整合媒體部資深行政專員／林青慧
整合媒體部客戶服務組長／王怡文
整合媒體部客服專員／張豔琳
整合行銷部版權主任／吳怡萱
管理部財務特助／高玉汝
管理部資深行政專員／藍珮文

家庭傳媒營運平台
家庭傳媒營運平台總經理／葉君超
家庭傳媒營運平台業務總經理／林福益
家庭傳媒營運平台財務副總／黃朝淳
雜誌業務部資深經理／王慧雯
倉儲部經理／林承興
雜誌客服部資深經理／鍾慧美
雜誌客服部副理／王念僑
雜誌客服部主任／王慧彤
電話行銷部主任／謝文芳
電話行銷部副組長／梁美香
財務會計處協理／李淑芬
財務會計處主任／林姍姍、劉婉玲
人力資源部經理／林佳慧
印務中心資深經理／王竟為

電腦家庭集團管理平台
總機／汪慧武
TOM 集團有限公司台灣營運中心
營運長／李淑韻
財會部總監／張書瑋
法務部總監／邱大山
催收部副理／李盈慧
人力資源部總監／葉建昌
人力資源部經理／林金玫
行政部經理／陳玉芬
技術中心總監／吳秉瞬
技術中心副總監／張瑋哲
技術中心經理／王喬平

發行所・英屬蓋曼群島商家庭傳媒股份有限公司城邦分公司
出版者・城邦文化事業股份有限公司 麥浩斯出版
地址・台北市南港區昆陽街 16 號 7 樓
電話・02-2500-7578
傳真・02-2500-1915 02-2500-7001

香港發行所 城邦（香港）出版集團有限公司
地址・香港九龍土瓜灣土瓜灣道 86 號順聯工業大廈 6 樓 A 室
電話・852-2508-6231
傳真・852-2578-9337

購書、訂閱專線・0800-020-299 (09:30-12:00/13:30-17:00 每週一至週五)
劃撥帳號・1983-3516
劃撥戶名・英屬蓋曼群島商家庭傳媒股份有限公司城邦分公司
電子信箱・csc@cite.com.tw
登記證・中華郵政台北誌第 374 號執照登記為雜誌交寄
經銷商・創新書報股份有限公司
新北市 231 新店區寶橋路 235 巷 6 弄 6 號 2 樓
電話・02-917-8022 02-2915-6275

台灣直銷總代理・名欣圖書有限公司・漢玲文化企業有限公司
電話・04-2327-1366
定價・新台幣 599 元　特價・新台幣 499 元　港幣・166 元

製版・印刷　科樂印刷事業股份有限公司
Printed In Taiwan

i 室設圈｜漂亮家居 07：2024 地產設計特集｜i 室設圈｜漂亮家居編輯部著 . - 初版 . -- 臺北市：城邦文化事業股份有限公司麥浩斯出版：英屬蓋曼群島商家庭傳媒股份有限公司城邦分公司發行, 2024.10
　面；　公分 . -- (i 室設圈；07)
ISBN 978-626-7558-15-7（平裝）

1.CST: 空間設計 2.CST: 室內設計 3.CST: 不動產業

554.89　　　　　　　　　　　　113013674

封面圖片提供｜工一設計

Instant On

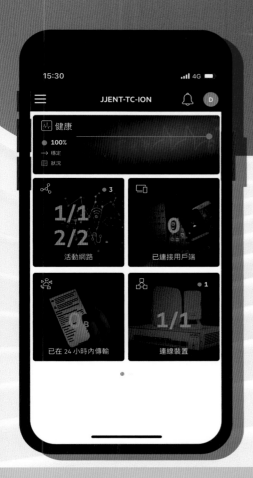

連網
新標配

只要幾分鐘
就能透過我們的行動應用程式
完成網路設定,在室內及室外享受高速網路

隨時隨地都能管理您的網路

APP設定管理

Instant On 應用程式讓您輕鬆管理企業 Wi-Fi。按幾下就能完成設定,不需任何技術經驗,隨時隨地都能透過手機監控及管理企業網路,還能掌握使用者連線到哪些網站與應用程式。

Instant On官網　**線上光華商店**

高速高效、自動更新

自動資料路由可確保您的資訊經由最快速的路徑傳送。自動軟體更新則保障您的 Wi-Fi 以最高速度運作。網路會在偵測到錯誤時自動修復。可與所有裝置連線,即使有線裝置也不例外。

安全穩定、高CP值

Instant On 本身附帶安全防護,不必額外付費。您可以輕鬆區隔業務/員工和客戶的流量、設定網路可用時段,並封鎖特定網站和應用程式類型,藉此防範惡意活動。

室設圈 漂亮家居 × 信義學堂　居住空間系列　　　　共同策劃：i室設圈｜漂亮家居

名師談建築

雖說建築是生活的容器，但透過建築卻可以反過來改變生活，甚至地域、城市乃至於生命的修煉！從過度的地產建築、到公共美術館、博物館、至最後人間齋場，建築是如何影響著我們的日常，又是怎麼無聲地左右著人類的文化，本次信義學堂與《i室設圈｜漂亮家居》共同策劃，邀請三位建築人，通過他們對建築的觀察遊走及自身創作的過程，帶領大家更深入去感受改變生活的建築力量。

系列專題主持人 張麗寶　《i室設圈｜漂亮家居》雜誌總編輯

創作・緣起・性空

2024. 11/19（二）
19：30〜21：00

從鶯歌陶瓷博物館、國立臺灣歷史博物館、北京「長城腳下公社」到台北市美術館南入口增建、台北市網球中心及剛完成的台大人文館與興建中的國家人權博物館，作品橫跨文化、藝術等多元領域，建築家簡學義認為建築不只是「身」、「心」、「靈」的容器，更是人與自然的界面，也是人類與自我「存在」的展現。藉由創作・緣起・性空的沉澱，揭示創作的奧義。

主講人：簡學義
竹間聯合建築師事務所創辦人

詩意的建築：由內而外，從生到死

2024. 12/03（二）
19：30〜21：00

每位建築人對於建築的詩意性都有著各自的解讀及意義，為了實地感受並實踐心中的詩意性，徐純一老師不只透過自身的建築設計來闡述，更花了畢生時間踏遍全球各地，從人們日常生活的公共建築到死後的齋場，透過多次造訪拍攝的照片及資料的搜集整理，同時藉由生動且深入的解說，讓更多人領略建築無聲卻又強大的力量。

主講人：徐純一
i²建築工作室創辦人

建築的過度與生活的形塑

2024. 12/10（二）
19：30〜21：00

哈佛大學建築研究所畢業後，留在紐約歷經三家國際建築事所的洗禮〈美國紐約州註冊建築師〉返台後創辦了中怡設計。沈中怡以其國際設計的視野及能量，改寫地產及其它產業的傳統美學，從接待中心、實品屋、集合住宅、公設等等，重塑生活美學。通過其所設計的作品，探討建築的過度性及對居住者生活的形塑。

主講人：沈中怡
中怡設計創辦人

地點：信義學堂（台北市信義路五段100號B1，入口在松智路上，101斜對面）
費用：預約報名，免費入場

報名方式：

注意事項
- 現場提供377個席次，請預約參加者提前入場，確保權益。
- 講座皆為免費，採線上預約報名，會員和非會員皆可。若遇額滿講座，採已報名者為優先進場，現場報名不保證有位置。
- 個人於講座報名成功後，系統會發送確認信函以及報到連結至信箱，請協助收信確認。
- 講座全程採取線上報到，請於指定時間內選報到連結，並輸入報名成功信函裡的報到六位數代碼送出，方能完成報到手續。
- 尊重講師及準時到達會場的參與者，請各位務必準時入場，並且珍惜報名資源，非必要請勿隨意不到。

GDIZEROII 臥式

新一代櫥下型無桶式RO精緻純水機

GUNG DAI
宮黛 工藝之美 驚艷時代

Clean
New Life

ONE

IZEROII

TWO

創造美好的生活體驗 — 宮黛

0800-800-638

科技與世代的逆襲

少子化的衝擊加上疫情的催化，史上最大缺工潮正「襲擊」著各行各業，室內設計產業當然也無法倖免，且是從設計到施工單位全面性的缺工，而室內設計又是腦力及人力密集的產業，沒有人，案量再多都只能望「案」興歎。只是現行缺工問題影響的不只是人力，更壓縮著設計公司的毛利及競爭力。

近年來就陸續接到工班或廠商反應，很多已找設計師服務的業主，在完成設計規劃後，寧可自行發包工程也不找設計師施工，原因就是設計師

報價過高，且工期普遍過長，有的甚至已簽約了，還得排隊等候工程單位檔期。面對節節上漲的工料，顯然已不是轉嫁消費者就可解，如何透過製程的簡化及工時的縮短來降低工程成本，是當前必然要解的難題。而現行除了預鑄、模組等工法可解外，科技工法如 3D 列印等也是解方之一。

以建構產業生態系為出發，與 TnAID 台灣室內設計專技協會合辦的第三場「設計落地創新解方：2024 餐飲設計論壇」，配合 7 月季刊《2024 餐飲空間設計特集》出刊後舉行，除了餐飲空間設計趨勢的分享外，並以 3D 列印在室內設計的運用為題，邀請成功大學建築學系教授同時也是 C-Cube 實驗室主持人劉舜仁，以材料設計製造三位一體進行探討，運用循環建材結合科技工法 3D 列印進行應用與研究，劉教授分享多年的研究成果，其深入淺出把原本難懂的循環理論，如何轉換成材料再結合科技 3D 列印說得既淺顯又易懂。而創夏設計總監王斌鶴則以合作案例，探討 3D 列印在米其林綠星餐廳 THOMAS CHIEN Restaurant 的應用，或許是因為跨領域的設計背景使然，對於 3D 列印的熟悉及材料的開放性，使其更勇於創新因而能落地於室內。最後則由到 2023 年拿下 TID 新銳設計師獎的伴境空間設計創辦人林承翰及黃家憶，以「新世代消費美學下的整合設計」，從 Tei by O'bond、Cat Hotel & Café 到 2023 年拿下米其林的斑泊，分享其結合行為模式創造沉浸式體驗的餐飲空間設計，打造出網紅及年輕消費者朝聖名店。或許是因為台灣室內設計師多專注住宅，較少關心產業趨勢及非住宅空間的設計，會被吸引前來參加論壇的設計師，在設計上也多偏向創新，且都非只是以住宅為主要業務項目。但誠如劉教授所提醒，未來設計師不應只是在原領域

文、資料提供｜張麗寶　攝影｜Amily

非典型接待中心正打破傳統地產的銷售模式。

張麗寶

現任《 i 室設圈｜漂亮家居 》總編輯，臺灣師範大學管理學院 EMBA 碩士。參與建立《漂亮家居設計家》媒體平台，並為 TINTA 金邸獎發起人及擔任兩岸多項室內設計大賽評審。2018 年創立室內設計公司經營課程獲百大 MVP 經理人產品創新獎，2021 年主導建立華人室內設計經營智庫，開設《麗寶設計樂園》Podcast，2022 年出版《設計師到 CEO 經營必修 8 堂課》。

取得材料與工法，反而要從不同產業取經才能創新，在設計走向極度均質化的現在，惟有懂得跨領域擷取設計靈感的設計人，才能真正擺脫過於同質化的設計！

將貸款額度上調至新台幣 1,000 萬元，並將寬限期放寬 5 年，新青安貸款方案，經過一年的實行，不只帶動房價上漲，連房屋買賣移轉棟數，都比前次青安貸款，多了 10.7 萬棟，達 35.3 萬棟，甚至還出現了許久未見排隊搶購預售屋的現象。不少偏重地產設計項目的設計公司，忙著搶人之餘也不可避免地陷入挑燈夜戰的加班地獄。在室內設計範疇地產設計項目包含接待中心（售樓處）、樣品實品屋及公設等，在過去地產設計項目幾乎都由固定幾家設計公司承接，只要能掌握購屋者喜好，推案順利能快速完銷，不管是建商或代銷都有其偏好的設計師且不隨意更換，但這幾年地產設計圈卻出現不少年輕設計團隊。隨著各產業陸續進入世代接班潮，新世代業主面對年輕消費族群及其消費觀，不只在銷售模式尋求創新突破，更期待能尋找一同成長的設計夥伴。「2024 地產設計特集」TOPIC 以企業永續發展指標 ESG 為題，探討現今接待中心（售樓處）的設計走向，並延伸至 IDEA 及 DETAIL 分別就樣品屋微型化設計及公設新美學進行拆解，CROSSOVER 則以顛覆傳統，非典型接待中心的崛起為題，邀請達永建設集團董事長莊政儒、謝仕煌建築師事務所建築師謝仕煌及近來以策展進入地產設計的 Üroborus Studiolab／共序工事創辦人洪浩鈞，一起進行對談交流，至於 DESIGNER 和 PEOPLE 則分別採訪了中怡設計創辦人沈中怡及達麗建設二代達麗米樂開發董事長謝岱杰。第 4 場「2024 地產設計論壇」也將於雜誌出刊後，於 11 月 12 日與 TnAID 共同舉辦，敬請期待喔！

台北的都市發展，堪稱當代城市發展論述在資本主義和美中日文化大亂鬥下產生的一種突變典範，是一連串的偶然和實驗下結合成的奇觀場景，臨時又永續般的在全球化的洪流中自成一格。

從戰前日治時期，日本政府將西方現代都市理論實驗在臺灣的「市區改正」規劃，意外的成為安置 1949 年底因國共內戰遷臺，成為國民政府軍民共約兩百萬人「大遷徙」的臨時居所，從戒嚴到解嚴，臨時也成了日常。臺北市改制為直轄市後，分別執行了兩次「臺北市綱要發展計劃」

建築人觀點

大都會舞臺的流動場景

（Master Plan），在 1980 年轉變為區域導向的都市計劃推動，造就了這個由都市更新驅動，新舊混雜的拼貼紋理，高密度混居的 24 小時不打烊街道風景，搭配層層疊加的密集公共交通網絡，盆地四周環山親水的自然特色，讓這個不斷變動的臨時場域，在短短的半世紀內，意外的成為跳脫西方主流城市規劃脈絡下，雜亂卻生猛的宜居城市。靈活彈性和多元有機的特質，代表著當代台北人生活的日常不平常。

當 OMA 接受大陸建設的邀請，要在台北市信義路的一塊小基地設計一棟 23 樓的高層集合住宅時，我們首先關注的，就是世紀疫症過後，當生活與工作之間的界線日趨模糊，我們該如何在這個以豐富多元混雜的都市狀況，創建出後疫情時代各式各樣的居住空間，並與台北多元的都市狀況相融？

以垂直疊加的大都會村落為主要概念，OMA 將「崗岫」構想為承載這些各式各樣獨特生活的容器集合體，讓住宅不再只是一棟單調龐大量體，而是給予不同居住需求的獨立性，也作為一個整體的社會凝結器。居住空間延伸至工作、社交、運動以至其他活動的場所。

文｜林家如　圖片提供｜OMA、大陸建設股份有限公司

圖片提供｜©OMA by WAX

圖片提供｜大陸建設股份有限公司

（圖左）「崀岫」規劃為一棟 23 樓的高層集合住宅。（圖右）由業主大陸建設和代銷慕樺團隊籌劃，老屋改造由鍾秉宏建築師設計，樣品屋由胡德如老師執行，共同打造的迷幻又寫實的樣品老屋。

林家如

OMA 大都會建築事務所臺灣總監，畢業於淡江大學建築系及美國哥倫比亞大學建築研究所，為美國紐約州和臺灣註冊建築師。2006 年加入 OMA，並自 2008 年起負責的臺北表演藝術中心專案，被英國衛報評選為 2021 全球最佳藝文建築，以及 CNN 譽為改變世界的最具變革性建築之一。她目前為淡江建築系和中原建築系的專技兼任副教授，並是台灣女建築家學會的共同發起人和第三屆理事長。

這所大都會村落在不同樓層設有各種設施，在都市裡創造出層層疊疊的社交空間。地面廣場透將建築下方的量體從地面抬升，回應基地面向信義路和文昌街截然不同的街道尺度。串聯兩個性格各異的生活氛圍，使入口大廳宛如置身於台北生活的舞臺中心。和鄰近大廈屋頂齊高的中層挑空區，是圖書館、酒吧和餐廳等公共區域，與屋頂的健身房和觀景平台，組合成台北三維都市裡的空中社交空間，是促進工作與生活平衡的新都會住居想像。

而本案的銷售方式也延續了建築設計的概念，讓接待中心成為一場社會實驗。和一般建案不同的是，本案接待中心並非找一塊空地來蓋一個全新的臨時建築，而是利用既有老房子改建而成。內部空間保留原有老建築的結構紋理，展示著新建案模型的趣味對話。上到二樓，內部是樣品屋的新生活想像，窗外則是步登公寓常民生活超寫實剪影。在這裡，接待中心不再只是說服消費者脫離人間煙火的一場夢境，而是能真實感知生活豐富樣貌的城市場景。

筆者認為，這個實驗的價值，在於重新定義對樣品屋和住房開發的經濟效益，以及創造想像和真實之間的對話關係。比起蓋一個全新美輪美奐的接待中心作為銷售使用的臨時建物，利用老屋改造的做法，一來在土地資源稀少的大都會區售屋是個相對經濟和永續的選擇，但更重要的價值，則是在於提供了消費者一種經驗生活的真實性，以及在城市脈絡中，尋找居所探索新生活，豐富想像的可能性。

有人說，預售屋的接待中心就像是櫥窗。很美麗，但是有點假掰。可是我問你，除了姓王的賣瓜的時候會自賣自誇，難道你不會為自己的創作、哪怕只是你腦海裡的某個點子，來一點好看的包裝，或者吹個小牛嗎？

更何況既然是要預售，當然就是要賣一個「夢想」。我猜如果是你，就算不可以是春夢，也一定得是一個很不想醒來的美夢吧！曾經我也是那個造夢者之一，在夢裡與夢外之間，用我的設計專業、說故事的能力，與強大的想像力，去創造一個又一個冒著粉紅泡泡的「建築烏托邦」。

所以既然要讓我聊一聊預售屋的接待中心，不如就直接帶你走進我那一個最有戲的異想世界裡吧！

建築人觀點

不如就讓你走進故事吧！

文｜林淵源　圖片提供｜林淵源

一個叫做「鳥人森林」的寓言。

那是一塊座落於城市喧囂裡的基地，面臨四線道的車水馬龍。四處的房子，雖有高低錯落，但一律沒啥存在感。任你走過百次，在遊人的印象裡，都只是不同灰階的水泥量體。夾雜著大小不一卻互不相讓的招牌，以及走起來必須左躲右閃的騎樓跟人行道。

如同大多數接待中心的任務，當時的業主希望我幫他設計一座在五百公尺外就能看得見的……招搖地標。而對於向來喜歡挑戰固化認知的我，面對這一塊看似路人甲的土地，卻只想把它變成……一個都市裡的小森林。

然後我跟業主說：「我想幫你設計的接待中心很低調，而且要讓路人走到房子的五公尺前都還看不見房子。」那位業主起先以為我在跟他開玩笑，但是我一直都沒有笑。於是越笑臉越僵的他漸漸知道，必須有一顆夠大的心臟來期待我給他的作品了！

一個星期後，我跟業主說了一個故事。

這個城區除了房子，就是光禿禿的水泥地面。如果能有一片小森林，那將會是無與倫比的奢華。

接待中心的配置呈現有機生長的聚落型態,把最好的位置留給樹木跟花朵。

林淵源

林淵源建築師事務所主持建築師。1966 年出生於台灣南投,中原大學建築學士,曾經歷「十方聯合建築師事務所」、「大元聯合建築師事務所」。多次入圍 TRAA 台灣住宅建築獎,此外也參與許多雜誌之文字專欄與插畫創作,著有《房子在想甚麼?》、《建築師,很有事》、《搞怪建築師進化中》。

因此我們想像這塊基地原本就有一片樹林,樹林裡一片祥和。有一天,來了一位不速之客,是一隻外地的鳥。這隻鳥為了尋找新的棲地來到這裡,喜出望外的牠決定落腳此處。

隨著日子一天一天過去,其他的鳥也來了。這群小鳥因為懷抱著美麗的建築夢想。牠們開始學習科學與美學,逐漸就造出了一棟又一棟隱藏在樹林裡的鳥屋。而當房子陸續完工時,這些鳥也一個個都演化成了人類。於是,在城市的地圖上,從此多了一個「鳥人森林」。

我等於是逆向在操作這個接待中心的設計。既然故事裡是先有一座森林,那麼房子蓋好之後肯定不會整整齊齊。所以,我就讓接待中心的空間像是在左右張望的臉,也像是在跟小鳥玩捉迷藏的鳥屋,在樹林裡頭扭來扭去。

我們當然不可能先把樹種好再蓋房子,這也正是本案最有挑戰性的地方。在設計的時候,我們讓房子裡外的空間互相呼應,牆上開的每一扇窗都對應到某一棵樹最有趣的姿態。讓建築配置呈現有機生長的聚落型態,把最好的位置留給樹木跟花朵。也因此,人們在屋裡可以享受到最美的景色,從而成就了最幸福的空間。

故事說完了,你是不是跟我業主一樣,不僅在我的烏托邦裡玩耍了一圈,也會捨不得它被拆掉吧?但這也正是房地產最殘酷的地方,美麗的夢不會醒來,只會像粉紅氣泡一樣,任務達成後就消失了。接下來,人們需要的將會是⋯⋯最真實的生活。

幾年前，因為一個偶然的契機，我開始涉足大陸內地的地產設計領域。在過去的十年間，我們在不同的城市操作了數十個類型各異的售樓處（或稱接待中心），並見證了內地地產行業的迅速更迭，趨勢的變化幾乎以月或季為單位。然而，唯一不變的是售樓處的持續演化。

早期的市場主要依賴材料的堆砌來刺激感官，但過度符號式的圖像逐漸讓消費者產生了審美疲勞。因此，「去地產化」的概念興起，地產商們試圖擺脫單一的銷售行為，轉而追求更具深度的沉浸式體驗，追求價值的提煉。我們正是在這股趨勢中進入這個領域。起初，我們以策展人的邏輯切入，但更多停留在形式層面。比如我們在濟南的第一個接待中心，為了延長體驗者在空間中的行走時間，直觀地將通往樣板房的路徑設計為一座 50 米長的旋轉斜坡，讓使用者能夠從不同角度觀賞沙盤。這一設計當時引起了不少話題，但回頭看，這樣的手法只滿足了「博物館式」的表面意象。

設計人觀點

設計者所能想的，
可能一座城市那麼大

文｜李智翔　圖片提供｜水相設計

但如何讓消費者對空間產生好奇，激發他們探索的欲望？如何讓他們產生共鳴並引發傳播效應？除了形式上的滿足，我們認為行為上的體驗同樣重要。一再強調的型式上的滿足外，行為上也要有讓使用者有所體驗。「博物館不是放個藝術品就是博物館，人們到博物館往往不一定是看畫作，是體驗空間的尺度、空間的深度、空間的感動，領略牆體尺度的震撼；領略空間層次安排的激動，都是我們賦予博物館式行為上無形的體驗，往往超越了內容 – 畫作本身與體驗者更緊密的聯絡。」

這種共鳴往往來自於人們與在地文化的聯結。有時，深入研究城市的脈絡與氣質，能為概念發想提供靈感。不同的城市，不同的文化，很容易建構一套邏輯在大方向的思考，接著安排**故事劇情**的起伏，轉化到空間中「一座橋、一座梯、一個構圖」有節奏的空間安排，引人入勝的空間就此產生。例如，在北京設計一個大尺度空間時，我們首先想到的是紫禁城的畫面與「中庸」的文人精神，依著這一脈絡，空間的中軸線、材料選擇以及光影布局自然浮現。隨著更多互動性和藝術價值的引入，開發商在每個項目中不斷調整策略與方向，逐步形成以設計來引導銷售行為的新模式。例如，在武漢設計一座與時空對話的接待中

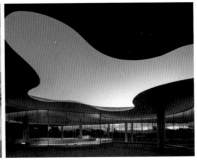

「去地產化」的概念興起，地產商們試圖擺脫單一的銷售行為，轉而追求更具深度的沉浸式體驗，追求價值的提煉。

李智翔 Nic Lee

水相設計設計總監，丹麥哥本哈根大學建築研究、紐約普瑞特藝術學院室內設計碩士，致力關注於空間的故事脈絡及時間光線，創造一個具有情感沈澱及訊息想像的空間。近年來，更陸續榮獲 FRAME Award、APIDA Award、DFA Award、IIDA、BoY、iF Award、TID Award、國家金點設計獎與 2007-2010 台灣十大設計師，著有《約略之 間：不被時間推翻的設計》。

心時，參觀者的目的不僅僅是購房，而是透過挖掘中西方在同一時空的線索來建立情感聯結。這種體驗所帶來的情緒反饋與口碑傳播，往往比傳統的「強制式」銷售策略更具持久的影響力。

過去，建築、室內設計和景觀設計是獨立進行的，室內設計通常是在建築輪廓確定後才介入，這使得室內設計對整體環境的影響力有限。但大約在六、七年前，我們開始在接待中心的建築概念階段介入，這使我們能以室內設計的角度影響建築布局、景觀設計，並進一步控制光線對室內空間的影響。例如，我們最近在三亞的河岸城市開發案中，建築初期的設想是建造一個兩三層樓的氣派建築，然而我們建議壓低建築輪廓，讓牆體、玻璃幕牆甚至屋頂與自然地景融為一體，讓建築無論從遠觀還是鳥瞰，都能融入環境。展示樓層的設計隨著室內坡道下降至地下，希望淡化人工與自然的界限，創造更自由的生活方式。

從生活角度統合建築與景觀，室內設計師已能替未來使用者預留融入自然的位置，讓室內看去更具層次、有起伏的起居滋味。日後即便設計師想傳達的細節，使用者不一定全能覺察；使用者在空間領略的情感，設計師卻也不一定有機會遇見。唯一可以確定是只要有故事，終究能在未來延續。

房地產近年來的設計走向和空間規劃，已經有別於傳統。

房地產的銷售與代銷之間關係息息相關，因為主要銷售者是代銷，代銷會包裝品牌，所以設計走向開始產生變化，也來自於代銷的建議。當客戶朝向偏愛精緻服務且舒服的環境，從接待中心到樣品屋，建蓋好的實品屋跟公設，都以明亮舒適帶有設計感方式呈現。

設計人觀點

實用兼具設計的
地產設計新思維

以前建案的實品屋跟樣品屋裝修偏向奢華，如今會希望空間呈現穩重精緻，也因此做建案設計不會以創新為設計思維，傾向舒適自在的空間設計。尤其實品屋規劃，住戶日後是真實入住，以住宅規格打造，美感中兼顧實用。因為非量身訂製，空間規劃以標配設備為主，空間設計部分，迎合建案的銷售賣點，營造相符合居住空間設計。

接待中心重視銷售的環境，座位區規劃著重舒適自在，如何運用基地周邊環境與光源的結合？座椅區如何讓銷售與客戶間的關係親近自在？同時要兼顧建案日後呈現的住宅品質，都是設計規劃的重點。

公共設施部分，疫情後開始重視人與環境間的關係。傳統公設可能標榜金碧輝煌或氣派，空間設計大多華麗大氣，實際上這些設計最後都淪為蚊子館，住戶無法實際使用，維修又昂貴。加上如今大樓公設比高，家庭結構改變，許多小家庭室內坪數不大，住家中額外規劃書房或琴房，會佔據室內坪數。尤其疫情後走向微型生活圈，在保持安全距離又能兼顧適宜的居住環境考量下，以人本為考量，建立休閒、運動、交誼的社區環境，成為現在公共建設的趨勢。

文｜Tina　資料暨圖片提供｜工一設計

（圖左）公設如像是住家的延伸，把休閒公眾區域拉出來，整個社區都能共享。（圖右）接待中心兼顧夜晚與白天的空間造景，米白色系揉入木質紋理，使白天蘊生悠然無壓的效果。

王正行（左）、袁丕宇（中）、張豐祥（右）

工一設計是由三位設計師好友共同創立，經過多年業界的陶冶，累積豐富的專業涵養打造而成年輕且經驗豐富的團隊組合。因為年輕，所以充滿熱情；因為活力所以大膽創新。用嚴謹的工學態度為基礎，創造生活美學的無限可能。

為了活化公共設施，回歸給住戶實用使用空間，許多建案會在公共設施規劃閱讀區、廚藝教室、洽談區、健身房、會議室，甚至還會有家教室兼牌藝室或鋼琴室，甚至有保母、洗車服務。社區住戶內有小朋友的家庭，可以請家教到家教室教學，也可多個家庭共同請家教，促進住戶間情感。或是家中宴客，可租用廚藝教室，請外燴或和朋友使用廚藝教室的器具料理食物，這些都讓住戶的住宅有了向外延伸空間，居家在設計時就可以將坪數妥善分配，集中在最需要效能上，同時保有居住隱私性。

住戶繳交的管理費，為了讓管理費更靈活運用，社區會規劃廚師在社區內供餐，可以用管理費點數折抵，供餐內容從早餐到牛肉麵都有，也因此公共設施在設計規劃時，都會把這些後期的社區規劃一併納入設計考量，讓空間在美感中兼具社交、親子、休憩、健康。除此之外也會考量住戶的年齡跟偏好，合理分配公共區域設施的大小和裝修，包含軟件搭配、建材選擇。以設計質感築起社區公設的美化，展現在日常美學的氛圍中。

國立臺灣大學人文館
回眸歷史前瞻未來的建築

「國立臺灣大學人文館」（以下簡稱人文館）新建工程自 2006 年 5 月經臺大校務發展規劃委員會核准啟動，經過 18 年的規劃設計、審查與興建，終於在今年正式落成。人文館以現代主義為核心，從建築形式、尺度、材質到空間配置，除了滿足學術功能，強調與周邊環境、歷史建築的協調與融合；在尊重校園既有建築環境的同時，人文館也展現了當代性並對歷史致敬。

文、整理｜余佩樺
建築設計、資料暨圖片提供｜竹間聯合建築師事務所
攝影｜李國民、子斐

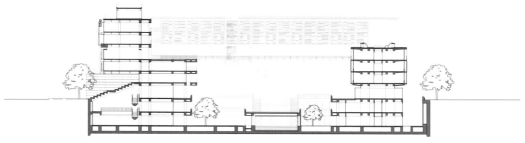

圖片提供｜竹間聯合建築師事務所

ARCHITECTURE

圖片提供｜竹間聯合建築師事務所　攝影｜李國民

1. **以合院的虛空間連結新舊建築**　人文館的設計以現代主義為基礎，從建築形式、尺度、材質，皆致力於追循與基地環境、歷史建築的和諧共融。

1

圖片提供｜竹間聯合建築師事務所　攝影｜李國民

圖片提供｜竹間聯合建築師事務所　攝影｜李國民

人文館的建設經歷了漫長的過程，其中校園的敏感環境可說是牽動設計的主要關鍵。回溯基地背景，原址前身為農業陳列館、人類學系館和哲學系館，這三棟以圓形洞孔構成建築立面，且彼此相鄰，排列方式如同傳統的三合院，因此被稱為「洞洞館三合院」。為了解決文學院的空間問題，2006 年 5 月正式啟動了人文館的興建計劃。2007 年 7 月，經過臺北市文化資產審議，決定保留農業陳列館（又稱作洞洞館）作為歷史建築，拆除人類學系館和哲學系館，以原址新建人文館。再進一步探究基地周邊的環境關係，該地點位於臺大校門東北側、椰林大道的西側端點，緊鄰校內具歷史意義的建築與古蹟，並鄰近新生南路校門。

因此，在設計這棟建築時，竹間聯合建築師事務所主持人簡學義深知需要回應多重課題。他表示：「設計的首要課題在遵循台大校園建築設計準則的同時，並維護校門口的意象；其次，為向張肇康設計的農業陳列館致敬，表達對鄰近歷史建築與古蹟的尊重；最後，並須與新生南路及周邊都市界面融合，同時彰顯當代精神。」

以四合院形式實現新舊建築的融合

簡學義進一步談到，臺大校園內的許多建築融合了四合院或中庭的概念，這是校園空間規劃的一大特色；人文館的設計亦採用了四合院的形式，並將農業陳列館納入四合院的一部分，以虛空間連結了新舊建築的關係。這不僅回應了校園內其他建築的基本配置規劃，還與緊鄰的重要歷史建築「洞洞館」形成了對話。

現有的洞洞館為三層樓，而新建築在新生南路側為六層樓，椰林大道與舊總圖古蹟的校園側則為四層樓，延續校園既有的尺度與天際線。新建築與洞洞館圍塑了中庭，並以洞洞館為四合院的核心；鄰洞洞館側凌空橫跨了一棟六層樓高、挑空四層樓、跨距五十公尺的建築，視覺上宛如「框景」般突顯洞洞館成為視覺焦點，表達對既有建築的敬意。這些設計手法讓人在不同位置與高度，都能清晰地感知洞洞館的存在，不僅展現對歷史建築的尊重，更強化了新舊建築之間的關係，更重要的是，讓洞洞館成為人文館整體空間的一部分，使人在移動過程中持續與之產生連結與對話。

ARCHITECTURE

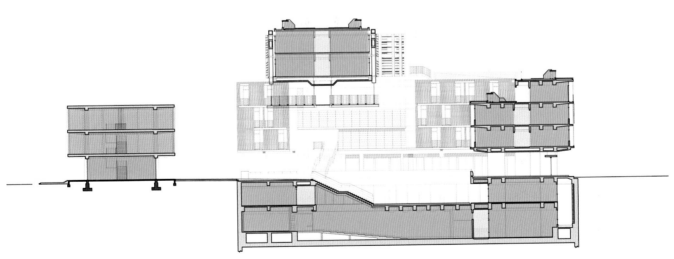

圖片提供｜竹間聯合建築師事務所

2. **東西向空橋成為重要的空間流動與連結** 這條跨距長達五十公尺挑空懸浮的建築量體，圍塑了空中的四合院，懸吊其下的空橋形成了一條充滿流動感的空中步道。簡學義刻意讓這條懸空建築的軸線傾斜，避免與洞洞館過於貼近，維持歷史建築空間的完整性。3.4. **四合院以立體形式展現，從地面向上下延伸** 四合院以立體形式展現，透過垂直空間的延展，從地面向上下延伸，不再侷限於傳統平面格局，使人文館不僅擁有四合院的精神，並創造了更豐富的空間層次與交流場域。

2

3　4

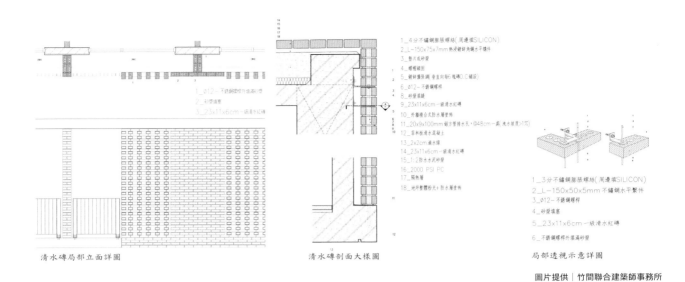

1_Ø12— 不鏽鋼螺栓外油漆2度
2_斜撐油漆
3_23×11×6cm一級清水紅磚

1_4分不鏽鋼膨脹螺絲(周邊填SILICON)
2_L-150×75×7mm 熱浸鍍鋅角鋼水平構件
3_墊片或砂漿
4_螺帽鎖回
5_鋼筋補強鋼 垂直向每6塊磚0.C鑲嵌)
6_Ø12— 不鏽鋼螺栓
7_斜撐油漆
8_砂漿填塞
9_23×11×6cm一級清水紅磚
10_外牆複合式防水層塗料
11_20×9×100mm 鋁方管排水孔，@48cm一處，洩水坡度>1%)
12_草根版清水混凝土
13_2×2cm 溝縫
14_23×11×6cm一級清水紅磚
15_1:2防水水泥砂漿
16_2000 PSI PC
17_隔熱層
18_地坪整體粉光+防水層塗料

1_3分不鏽鋼膨脹螺絲(周邊填SILICON)
2_L-150×50×5mm 不鏽鋼水平繫件
3_Ø12— 不鏽鋼螺桿
4_砂漿填塞
5_23×11×6cm一級清水紅磚
6_不鏽鋼螺桿外填滿砂漿

清水磚局部立面詳圖   清水磚剖面大樣圖   局部透視示意詳圖

圖片提供│竹間聯合建築師事務所

圖片提供│竹間聯合建築師事務所　攝影│李國民

傳統的四合院,由東、西、南、北四面房屋圍合成內院式的平面廣場。簡學義在人文館的四合院空間,除了一樓平面並向上與向下延展,形成一個立體的合院空間。不僅擴展了豐富的場域,也賦予公共空間更多的層次感。

從一樓到地下二樓,運用下沉式廣場與地下天井的設計不僅提供了空氣流通和自然採光,也為地下空間帶來了充足的光線和開放感。衍生出的階梯廣場、中庭與休憩平台,創造了諸多靈活空間,為師生提供了豐富的交流與互動場所。四樓挑空、懸浮於五、六樓、五十公尺長的空橋建築量體連接了兩側的建築,形成了「空中四合院」。

簡學義表示,所有虛空間透過空橋、廊道和樓梯串成一個水平、垂直、立體化連結的整體開放空間系統,形成了一個連續性的流動空間。他希望師生遊走於這些空間時,在空間的穿透性、變化性和多層次性中獲得豐富的空間體驗與對隱藏於公共空間中的場所精神的體會。

忠實材料本質,以維持建築的純粹性

在建築材料的選擇上,簡學義提到校方曾建議使用校園傳統的十三溝面磚,但經過仔細觀察周圍環境後,最終決定面向椰林大道和校園古蹟群的建築立面以校園更古老古蹟建築的紅磚為主,而鄰近新生南路和洞洞館側的建築則採用了同洞洞館的清水混凝土。

在紅磚外牆部分,特別設計了透空砌法。簡學義解釋,早期洞洞館的圓形洞口引入自然光,遮陽的同時也營造出光影效果,而透空砌法既呼應了農業陳列館的「洞洞」特色,也能過濾光線遮陽,並為教授研究室空間提供適度遮蔽的私密性。在清水混凝土的設計上,建築不僅低調地融入了周圍的都市環境,也與光影產生了另一種對話。以新生南路的西側棟為例,面向都市的大階梯開放空間,階梯下方為展覽廳(原圖書閱讀室),階梯間隙嵌入玻璃磚,提供地下空間的採光,夜間則變成都市的燈具。

人文館的建築已於今年順利竣工,內部裝修及空間規劃正在緊鑼密鼓地進行,預計 2025 年全面完工。人文館的開放不僅為臺大師生提供了一個嶄新的學習環境與交流平台,未來,它將彙聚來自不同領域的思想碰撞與創作力量,成為人文、藝術等多元領域學習、成長的重要場域。

5.6.7. **紅磚連結了歷史與當代之間的對話** 紅磚的透空砌法呼應了洞洞館的設計,既是對歷史建築的致意,也象徵著新舊之間的連結。透空砌法轉譯了洞洞館外牆的視覺語彙,也為空間提供適度的遮陽與私密性。

| 5 | 6 | 7 |

圖片提供│竹間聯合建築師事務所　攝影│李國民

圖片提供│竹間聯合建築師事務所　攝影│子斐

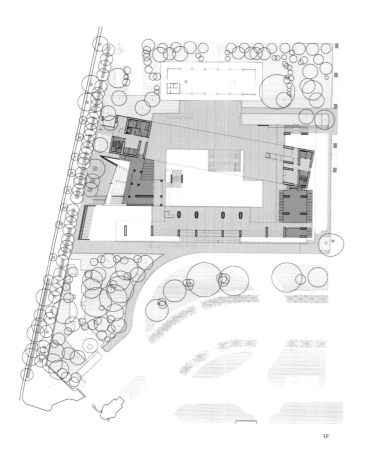

1F

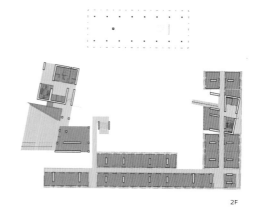

2F

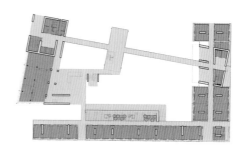

4F

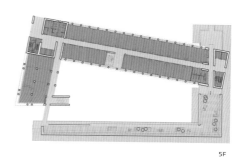

5F

0 10M

Project Data

案名：國立臺灣大學人文館 NTU Humanities Building

地點：台灣・台北市

性質：學術空間

坪數：基地面積 9,384 ㎡（約 2,839 坪）、建築面積 3,010 ㎡（約 911 坪）、
總樓板面積 15,603 ㎡（約 4,720 坪）

設計公司：竹間聯合建築師事務所（主持人／簡學義、建築師／陳碩亮、設計
參與／孫自弘、李炳文、李文凱、陳泓、丁明聖、王怡婷、粘妤甄、蔡宜佳、
赦芸蓓、黃聖傑、張挺耀、宋曉剛、梁維興、楊媓渼、甘捷曼、吳沛縈）

Designer Data

竹間聯合建築師事務所。竹間聯合建築師事務所成立於 1995 年，其前身為竹
間設計研究室（1987 ～ 1992）與竹間建築師事務所（1992 ～ 1995），已近
30 年。團隊參與諸多指標性公共建設，代表作品有：鶯歌陶瓷博物館、台南國
立台灣歷史博物館、台北市立美術館增建、宜蘭傳統藝術中心第一期、台北網
球中心、台中育賢社會住宅第一期、北京長城腳下公社等。www.facebook.
com/ChienArchitects

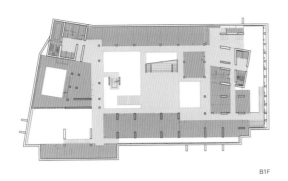
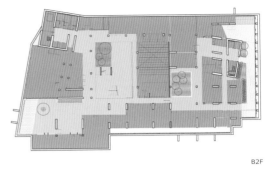

B1F

B2F

0 10M

ARCHITECTURE

8 9
10

8.9. **順著廊道迴遊於人文館之間** 廊道不僅連結了建築的多層次空間，讓人在遊走時感受到空間的連續性與流動性，體會時間中的空間與空間中的時間。10. **挑高量體底下的空中步道** 在挑高量體的底部設有一條空中步道，這為建築增添了一個有趣且流動的路徑，讓人們在不同的高度間自由穿梭，體驗與洞洞館間不同視角的空間體驗。

圖片提供｜竹間聯合建築師事務所　攝影｜李國民

W Mission 總部大樓
從材質與機能出發，構築企業建築的精神性

1. **傳統與現代交織實現設計靈感**　韓國頂級的紡織製造商之一 W-Mission 的新總部所在地聖水洞，以傳統紅磚製鞋廠建築聞名。總部建築外觀設計靈感來自業主出生地的海浪，以及紡織材料的特性，包含：輕盈、織紋、波動性、封閉與開放性。

韓國首爾的聖水洞曾是工業重地，隨著城市更新，逐漸轉型為充滿活力的新興區域。位於此地的 W-Mission 總部大樓，設計靈感來自於建築師在設計 Textilverband 行政大樓時的研究，特別是對石雕垂褶的描繪。此案紅磚外立面轉譯紡織質地，呈現出結構與表層之間的層次感。室內空間以垂直分層為核心，每層皆設有半室外的挑高庭院，與外部空間連結，營造出強烈的社群感與開放性。

INTERIOR

文、整理｜田可亮
建築設計、資料暨圖片提供｜
Behet Bondzio Lin Architekten + BCHO Partners
攝影｜丰宇影像

圖片提供｜Behet Bondzio Lin Architekten + BCHO Partners　攝影｜丰宇影像

圖片提供｜Behet Bondzio Lin Architekten + BCHO Partners　攝影｜丰宇影像

圖片提供｜Behet Bondzio Lin Architekten + BCHO Partners　攝影｜丰宇影像

W-Mission 是韓國頂級的紡織製造商之一，其新總部位於首爾藝術、文化和設計的活力都市新地標──聖水洞。此案的核心圍繞著三個關鍵理念：社區的公共性、精神的神聖性、以及庇護的安全性。設計思考如何將這些抽象的概念具象化，並融入建築空間中。

透過傳統與現代的融合，設計探討機能、靈性與社區的對話

Behet Bondzio Lin Architekten + BCHO Partners 建築師林友寒被業主對宗教的虔誠信仰而打動，為此案設計的核心概念提出對社區開放的性質，而這不僅是物理空間的開放，更是強調精神層面上的連結，重視神聖感氛圍的營造，打造猶如「洞穴」般的內部空間，提供人們精神庇護般的安全感，讓業主與訪客來到這裡有機會靜心反思。因此，設計方案從空間和形體入手，讓建築不僅僅是造型美感的呈現，更是從材料本質思考。這種建築特色強化了精神性的感受，特別是將傳統哥德式高拱形立面的內部（如教堂內部）反轉至外部，面對著都市街道。建築外觀紅磚牆的使用，不僅是一種材料選擇，還展現了建築中的織造特性，強調結構與表面的層次感。紅磚相互拼接如同織物般具有覆蓋、延展的功能，亦可說將米開朗基羅雕塑作品的表現手法之概念引入到現代建築設計中──先描繪出基本形體，再逐步覆蓋「衣裳」，從而實現量體設計的完整性，達到轉譯藝術經典的境界。

這座總部大樓的建築設計特色融合了傳統與現代技術，展示出磚造系統的多樣性與靈活性。傳統磚石建造系統在這裡展現出極大的能力，不僅能夠忠實描繪曲線，還能靈活適應所需的設計變化。建築外觀上採用了「幕牆」系統，磚塊固定在現場澆築的混凝土牆上，這些牆為曲線提供了基礎結構。而建築內部分為三個主要功能區域：臨街社區區域、開放辦公區及W-Mission 總部。臨街社區區域空間包含 WM Café、花園、W-Mission 學院、工作坊和展覽空間；中庭有三層樓高，形成了公共功能區的核心。共四層樓的開放辦公區則位於公共空間的上方，提供充足的工作環境。至於 W-Mission 總部則位處於建築的最上三層，內含辦公、工作坊和集會空間，並設有雙層挑高的內部空間，靈感來自教堂的中殿結構，營造出適合靜修與冥想的環境。

INTERIOR

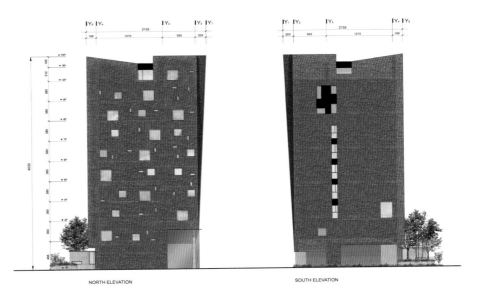

圖片提供｜Behet Bondzio Lin Architekten + BCHO Partners

2.3.4. **挑戰現代技術的磚造幕牆寓意紡織工藝** 此案翻轉首爾歷史悠久的磚造建築傳統，建築採用了一個「幕牆」系統，磚塊固定在現場澆築的混凝土牆上，這些牆為曲線提供了基礎結構。透過數位軟體的運算，創造出如波浪般上升至天空的外觀。磚牆高度達到 520 層，每隔 24 層增加一塊磚，最終在屋頂處達到 170 公分的曲線振幅。5. **一個個窗洞象徵著內外的連結** 建築另一側立面一個個的開窗設計，不僅是光線與空氣的入口，更暗示著建築內外的聯繫與對話，也在訴說著建築的歷史與當代文化的交融。

2

3　4　5

圖片提供│ Behet Bondzio Lin Architekten + BCHO Partners　攝影│丰宇影像

圖片提供│ Behet Bondzio Lin Architekten + BCHO Partners　攝影│丰宇影像

以裸露材料彰顯建築價值，從內到外皆回歸本質

林友寒指出，室內設計的處理上盡可能追求材料的原始性，力求不加任何多餘的粉刷或裝飾，讓材料自身的質感和紋理表現出來。這種設計理念也體現在牆面、地板、樓梯等處，空間處處是細節，這種避免使用過度包覆或裝飾的做法，讓建築物呈「裸露」的狀態，亦更好地表現出材料的本質、施工工法和時間的痕跡，讓人能從建築中看到其結構和歷史的累積。「從內到外，設計都是以材料為出發點，讓材料能夠與時間做朋友，使材料本身表現出建築的核心價值和內在聲音。」林友寒補充道。

雖然在韓國當地並沒有對綠建築的強烈要求或鼓勵，但設計團隊仍在建築設計中融入了節能和環保的考量。牆體設計需在夏天保持涼爽，冬天提供保溫，並且充分利用了當地的氣候特點來調節建築內部的溫度。此外，開窗的設計也遵循了精確的計算，以達到節能的效果。

整體設計不僅考量到美學和功能，更深刻地融入了業主對宗教信仰的理解和需求，成功創造出一個結合社區、精神和庇護的複合式空間，更透過開放式庭院，擁抱城市天際線。

圖片提供｜Behet Bondzio Lin Architekten + BCHO Partners　攝影｜丰宇影像

INTERIOR

```
    6
 7   8    9   10
```

6.7. **銀色樓梯與錯層設計的視覺驚喜**　中央挑空設置一座金屬板打造的樓梯，設計團隊運用灰色、銀色和半透明材質相互連結、串聯，讓人們進入神聖殿堂般的藝術世界。以樓梯作為支點連接各個開放空間，而不規則錯層設計則展現出截然不同高度與角度的視覺效果。8. **材質轉譯讓空間營造現代氛圍**　W-Mission 總部大樓的低層空間向公眾開放，設計巧妙運用灰色、銀色和半透明材質，營造出年輕且時尚的現代氛圍，將現代與未來風格完美融合。這一空間既具有實用性，又充滿藝術感與詩意，亦轉化為充滿活力的場所。9.10. **展現空間與材料的原貌與對話**　牆體及天花板呈現最原始的狀態，不多加修飾，見證了施作的精緻度；銀灰色階梯連接錯層空間，讓光影隨著時間在空間中揮舞。

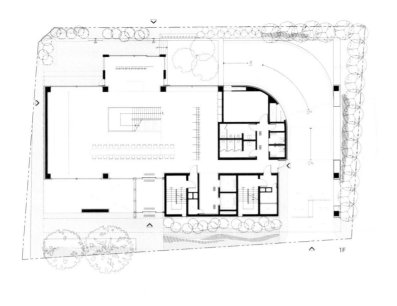

1F

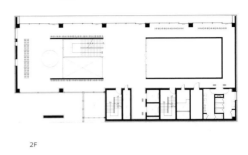

2F

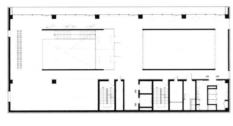

3F

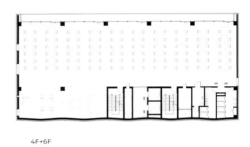

4F+6F

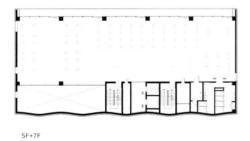

5F+7F

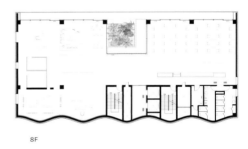

8F

Project Data

案名：W Mission 總部大樓 W Mission HQ

地點：韓國・首爾

性質：辦公室、零售、展覽、咖啡廳

坪數：基地面積：1,363.78 ㎡（約 413 坪）、建築覆蓋面積：810.48 ㎡
（約 245 坪）、總建築面積：9,483.14 ㎡（約 2,869 坪）

設計公司：Behet Bondzio Lin Architekten + BCHO Partners

Designer Data

Behet Bondzio Lin Architekten + BCHO Partners。林友寒於 2003 年
偕同兩位德國建築師 MARTIN BEHET、ROLAND BONDZIO 在德國創立。
代表作品有「德國萊比錫大學奧古斯廣場城區部」與「德國西北紡織商會大樓」，
作品多在尋求現代建築在不同地域文化所呈現的自明性。www.2bxl.com

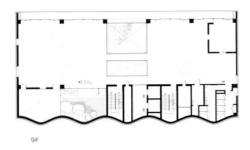

9F

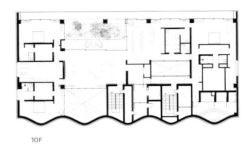

10F

RF

11.12. **錯層與挑空為室內注入自然採光營造神聖詩性** 錯層與挑空設計打破了傳統平面設計的單調感，將戶外的自然光源最大化引入室內，讓人身處其中感受到豐富的空間層次與心靈的舒展，從而達到一種神聖詩意。13.14. **開放式挑空庭院與環境的連結** 多處設有半戶外的雙層挑高中庭，構成了一個垂直的社區。寬敞的戶外空間與相互連接的內部庭院，將建築與外部環境及天空無縫連結，增強了社區感。波浪形的立面成為城市街景的背景，從西側的首爾森林公園延伸至聖水洞。東側的戶外花園和露台提供了俯瞰漢江與聖水洞的廣闊視野，而北側立面則根據內部空間的功能需求設計了三種類型的開口，符合實用性。

11	12
13	14

圖片提供｜ Behet Bondzio Lin Architekten + BCHO Partners　攝影｜丰宇影像

PLUS+ 施作工序解析

STEP 1 立面隔熱層鋪設及預留開口

外立面現場澆築的混凝土牆預留經數位軟體運算符和環控條件的開口，利用隔熱材料全面包覆牆體。

STEP 2 多重骨架、立柱架設後用紅磚拼接

曲線設計的外立面幕牆每塊紅磚由人工進行鋪設，確保每一塊磚的拼接牢固且拿捏有度，精準還原設計圖的規劃。

STEP 3 曲面磚牆一體成型

運用數位軟體工具精準運算，創造出如波浪狀的外型一路往天空延伸。磚牆高度達到 520 層，每隔 24 層增加一塊磚，最終在屋頂處達到 170 公分的曲線振幅。

文、整理｜田可亮　建築設計、資料暨圖片提供｜Behet Bondzio Lin Architekten + BCHO Partners

STEP 4 混凝土主結構牆面與砌磚牆頂部依序結合封板

建築主立面由兩道曲線牆面相依而成，因此頂部曲線利用金屬封板，以整合成統一單元，防水之餘也讓波浪狀弧線條自然融為一體。

STEP 5 開口及表面的清潔整理

完工後透過人工整理矩形開口的狀態，確保每個建築細節展現乾淨俐落的狀態。

INTERIOR

以建築人的思考仿自然的地產設計
中怡設計負責人兼建築總監 ＿＿＿沈中怡

沈中怡。於美國哈佛大學研究所深造之後，再汲取於紐約各大建築事務所的經驗淬鍊，於 2002 年返台成立中怡設計，多元跨足商空、住宅、展場、公共空間等設計，尤以地產設計令人矚目。亦曾以「故宮南院願景館」榮獲 DFA 亞洲最具影響力設計獎，以宜蘭觀光工廠「安永心食館」入圍素有「建築界奧斯卡」之稱的 WAF 世界建築獎（World Architecture Festival）。

People Data

圖片提供｜中怡設計

文｜邱建文　資料暨圖片提供｜中怡設計

走在車水馬龍的大街上，或穿行在民居巷弄之間，偶爾會被一些建築物吸引，停下腳步，佇留、深望……。它們不同於一般高樓大廈的崇高氣勢，而是以水平橫向，展現挑高、通透的雍容姿態，有若美術館的私人藏所，而真要往前一探，或可發現有些是出自沈中怡之手的地產設計。

一般建案的接待中心，多在一切拆之乾淨的大片空地上，大手筆地構築方盒子的手法，沈中怡倒是多了一份謹慎，有著對基地的細膩觀察，因此憑空蓋起的地產場域總透著一股土地與人文的氣息，不僅止於質感與美感，還多了溫度。

挖掘基地的潛力，整合建築、景觀和軟件

「建築基地有優點，也有缺點，但重要的是挖掘基地的潛力。」或許基於沈中怡深厚的建築背景，在匯聚全球菁英的哈佛大學建築研究所畢業之後，隨即在紐約先後任職於 Polshek Partnership Architects LLP、Skidmore, Owings & Merril lLLP（SOM）等事務所，早已造就他從基地出發的思考核心，因此即使面對的是短期構築的接待中心，他也一絲不苟地當建築來設計，透過解析人的需求與環境的現實條件，思考人在空間中如何與環境對話，所以他不僅僅處理室內設計，而是把建築、景觀和軟件融為一體的完整呈現。

從「學府之森」即可窺出沈中怡獨具匠心的人文關懷，儘管該建案基地位於新北土城的海山商圈，鄰近捷運和綜合體育場，坐擁蛋黃區的繁華熱鬧，但當沈中怡走訪基地，發現為業主羅家的百年三合院「春茂堂」之後，便決定將歷經滄桑歲月的祖厝藉由現代設計的襯托，進行一場向老宅告別的最後巡禮。

荒廢多年的三合院，屋瓦已然頹傾，但見沈中怡藉殘破的紅磚轉化為新舊交融的靈感，從旁建以白色的幾何量體，製造二元對立的衝突美感，引人注目。而這高高圍塑的白牆也是為遮蔽週遭林立的大樓，藉以畫出清楚的界限，讓走入其中的賞屋客戶純粹地進行一場懷舊的文化之旅，乃至對未來所居所住的歷史有更深刻的情感連結，心中雖有不捨，卻也化為得來不易的珍重之情，從而賦予建築品牌更多的價值。

1.2. 「學府之森」以基地的三合院激發靈感，對應簡潔的幾何線條，引發強烈的視覺意象，亦藉此演繹傳統過渡現代的夢想居所。

| 1 | 2 |

 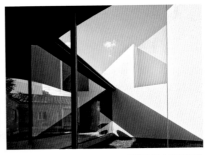

圖片提供｜中怡設計

圖片提供｜中怡設計

圖片提供｜中怡設計

以「形的收放感」，創造一路行走的身心愉悅

沈中怡且將「學府之森」從接待中心的大門到三合院的正廳，拉出了最長的距離，以玻璃帷幕或白牆窗框的透明廊道為連結，讓賞屋的人可以漫步徐行，逐漸沉澱於心，從一路感受的陽光和綠意、隱約而見的斑駁磚牆，滋生對靜好歲月的嚮往，從而走進古厝之中，得以靜覽過去和未來的建築圖文，以實景呼應一場時光隧道。而穿過三合院，便是朗朗開闊的現代空間，新與舊、繁與簡、紅牆之濃重與淺白之輕透，無疑預告觀者將從傳統走向未來，於是在銷售人員邀請入座之後，奉上一杯好茶，自此開啟對「家」的美麗想像。

「這一路的行走必須是舒服的，看到的也都是美好的。」沈中怡不諱言，蓋接待中心比建築實體更多自由，但要以「形」入魂卻是最大的挑戰，一如「雍居仁愛」也有異曲同工之妙，為因應地基座落於濃蔭大樹之間，而決定保留幾株大樹，將廊道形塑如河流，彎彎繞繞地以柔美的弧線延伸，讓行走其中的人也能從清透的玻璃帷幕仰看參天大樹，感受灑落而下的光影舞動，且搭配蟲鳴鳥叫的樂音，一路身心輕盈而愉悅，如已浸沐大自然的雍然之居。

而形的功力就在於「收放感」，或迴廊曲線串接、或幾何空間錯落，皆關乎於美感，亦讓行走其中的人有所感，願意停留更久，誠如他所說，「畢竟購屋價格不斐，要簽約必然經過審慎的考慮，而就在拿捏之間，空間場域要有讓人足以往返細看的餘韻之美。」

著重「空間的透明性」，感受如美術館的氛圍

老宅和大樹已然成為主角，但多數設計師都將其視為障礙，而盡悉拆除，沈中怡卻是透過刻意保留的環境元素，從自設的「限制」條件之中激發靈感，反而更見創造性，也更具生命力，能夠和人產生充分的對話。

他笑稱常和業主說，「我的設計並非那麼一目了然……」然而，寧可花大筆預算的業主往往不以為意，畢竟購屋者要買的不只是室內裝潢，更為居住的場域而來，也因此他說，「我的設計必須獨特，才能為建築品牌加分，也為買屋的人創造夢想。」

但沈中怡其實也有滿足機能的需求，只不過將樣品屋以隱匿的手法深藏其內，或也巧妙地各分東西。他比喻如美術館，「整個場域空間必須是通透、開放，而樣品屋就像一個個展間。」雖然他時而承接樣品屋設計，但業主也可能交由其他設室內設計師，而他一點也不擔心整體場域和樣品屋的設計有不同的調性，畢竟後者為封閉式，兩者互不干擾。

他再以進美術館看展覽為喻，「很多人喜歡到美術館感受整體的氛圍，卻未必單為欣賞畫作或藝術品。」而他只想找出基地的潛力，把場域設計做好，讓人走得舒服走得久，時而有一張椅可歇腳，時而有自然綠意可呼吸，一如他所強調，「空間可分為有形與無形，而我更重於處理『空間的透明性』。」

3
4	5	6

3. 徐行於「學府之森」的透明迴廊，有如穿越時光隧道；且以白牆大窗框景斑駁牆下的野竿叢葉，為建築品牌憑添懷舊溫度。4.5.6. 精心保留基地幾株大樹，「雍居仁愛」再藉彎彎繞繞的廊道，讓看屋人感受蔥蔥鬱鬱的圍繞，靜賞夜晚溫暖如星。

圖片提供｜中怡設計

從建築內部煥發生命，創造虛空間延伸向外

空間的透明性必須將建築、景觀和室內軟件一起納入思考，即使是空間不大而空無一物的基地，一條小路也能刺激創造性的觸媒。位在台北東區最精華的「永陞韶華」，緊鄰於捷運，只不過出口開在短短的巷弄之內，竟使這塊基地成為單獨的存在，於是便藉這條小路激發僻靜居所之感，「即使基地小到只能構築一個大盒子，也要在邊邊角角或鑿出洞來，讓室內和戶外互通聲息，視野有所延伸。」換言之，沈中怡的地產設計並非積極性的加法，不斷地擴張組織，而是以「減法」的透明性迎來豐富的自然元素。

當大部分的設計師都在強調使用空間的極大化時，沈中怡卻執意從內部深處煥發出建築的生命，想方設法創造更多的虛空間，在屋頂、牆外、地上，運用通透的玻璃或木格柵，引陽光而入；或在溫潤木色的樓梯底層鋪以鵝卵石，感受安靜均衡的存在；或在清淺的池中植上一排綠蔭，營造湖光倒影的鏡面效果……把有機自然所呈現的清新都引進室內之中，無論在行走移動之間、會議討論之中、或觀看展覽，那些風光樹影都悄悄地來到身邊。

「即使是建築入口，那抬高而巨大的屋簷，也要以虛實相間的格柵手法，篩落一片光一段影，長長地斜映入內。」形的張力不時表現在中怡設計的作品之中，既為營造氣派的入口感，亦為高高遮擋周邊紛雜的建物，創造純粹而寧靜的一方淨土。

建築本身就是自然園景，內外聲息相通合成一氣

DESIGNER

而「安家藏玉」的設計精魂也在那一「藏」字，既逃脫不了正對馬路的的喧囂繁塵，便以大樹編排如林，順勢巧搭緊臨的華山文創園區，延伸滿滿的蔥蔥綠意；而建築基地就藏在深處，甚至連接待中心本身就是精心鋪排的自然造景，和戶外綠園連成一片鬧中取靜的大好風光。「將接待中心深藏在林園之後，也是為了製造突有發現的驚喜。」尤其在夜幕低垂時，透過燈光的低調演繹，竟於屋頂和地面反射熠熠生輝的波光，讓家真如「藏玉」。

而這林中內蘊光華的神祕，可於白晝一探究竟。首先以光滑的金屬材質鋪陳為天，且錯落鑿出天井光；再把地切分一處處的小池，如若串聯一座湖，並間以植樹；而當引入的光線和風的吹動，輕輕掀起波光水紋、或徐徐搖曳著枝葉，便於天與地之間反射，讓人也穿透玻璃為牆的虛靜，感應大自然的律動。而接待中心應有的會議室、樣品屋即巧佈置於其中，讓腳步、眼光和思緒隨時觸及在精心編排的自然元素之間。

誠如沈中怡所言，「屋簷的巨大張力，可遮擋外部喧囂雜亂的環境；開闊的綠地可沉澱靜好的時光；而內部以舒服的小尺度，如池和樹等，賦予觀者更多的想像。」他強調，首先地產設計師就必須經由長期的涵養，訓練豐富的想像力和抽絲剝繭的分析力。

當建築和景觀的互動融為一體，細部軟件也要有所呼應，如「勤美璞真城仰」的材料、家具和燈飾都是尋尋覓覓的樣式拿捏、毫釐之間的尺度較量，讓人可感行住坐臥的優雅，且觸及小隱自然的綠意。即使在建案完售之後，依然可延續設計的價值，提供住戶婚宴、酒吧、會議之場所，或外租為展覽場域，更重要的是為繁華都會畫出一道寧靜而美麗的風景。

圖片提供｜中怡設計

7

8	9		10

7.「永陞韶華」的基地不大，卻巧用以實含虛的手法，在室內建池植樹，充滿自然感，亦透過水光反射而放大空間感。8.9.「安家藏玉」如建水面之上，以石板為橋；且藉屋頂材質仿清朗天空，照映波光水影。10.「勤美璞真城仰」營造小尺度的自然景觀，搭以細部軟件，添抹小隱都會的優雅。

TOPIC

2024 地產設計特集

接待中心 ESG 新思維：聯合銷售中心、設計永續性、空間再利用、外接待模式

INTERVIEW ——接待中心形式的發展與變革

在全球對永續發展的高度關注下，地產設計已經不再只是強調功能性與美學的結合，而是應與時代接軌，重新定義永續的真正價值。不僅需減少對自然資源的依賴，更應著眼於如何提升建築的長期價值，並為社會帶來積極影響。邀請設計師共同探討地產設計的永續發展方向與未來趨勢，推動地產業朝向更綠色、更具社會責任的未來邁進。

I-SELECT ——接待中心的綠色解決方案

本章節以「聯合銷售中心」、「設計永續性」、「空間再利用」、「外接待模式」四大面向，介紹國內外接待中心作品，深入了解品牌從經營、銷售到設計層面的設計思考，以及看設計人如何為接待中心的永續設計提供新的視角和靈感。

接待中心形式的發展與變革

當全球關注永續發展的趨勢下,地產設計也需順應時代潮流,重新定義永續的價值。不僅要減少對自然資源的依賴,更應重視如何提升建築的長期價值,並為社會帶來更積極的影響。邀請參與地產設計的設計師,共同探討地產設計的可持續發展方向和未來趨勢,以推動地產行業往更加綠色、負責任的未來邁進。

文、整理│余佩樺、Joyce、張景威　圖片暨資料提供│ Atelier SUPERB 極製設計所、GAPA Associates、智在設計、森境設計、深圳 31 設計　攝影│李國民、KPS/ 游宏祥、朱逸文、一千度視覺、ingallery

地產設計不僅涵蓋接待中心，還包括樣品屋、實品屋及公共設施等。其中，「接待中心」（或稱售樓處）可謂銷售的前哨，直接影響消費者的視覺感受與體驗，因而成為建商和代銷最為重視的重點項目之一。智在設計主持建築師康智凱負責過許多大型代銷公司的接待中心和樣品屋設計，他指出：「『接待中心』是消費者與項目接觸的第一線，同時也是建商和代銷傳遞銷售理念的前線戰場，承擔著重要的銷售使命。」

Atelier SUPERB 極製設計所主持建築師游覷表示：「接待中心的預算一般取決於建案規模，通常以建案規模的固定百分比作為預算依據，這在戶數多、總銷售金額達幾十億的大型建案，或每坪單價超過百萬的豪宅中尤為常見。」康智凱也進一步分析，對於總銷售金額較大的建案，設置接待中心是推動預售屋的關鍵

接待中心是消費者與項目的第一接觸點，也是建商和代銷傳遞銷售理念的重要場所。

康智凱
智在設計主持建築師

圖片提供｜智在設計

1. 「中山麗池」接待中心藉由包裹著精品般的氛圍，承載著人們對奢華與精緻生活的想像。

步驟，能有效提升曝光率並吸引潛在買家；相對地，總銷售金額較小的建案因無法承擔設置成本，通常選擇外接待或店面的方式銷售。當然，對於總銷售金額較大的建案，若預算充足，除了接待中心外，還會進一步規劃樣品屋，讓消費者能親身體驗空間格局，作為購屋決策的重要參考。

接待中心是包裝建案突顯價值的重要角色

接待中心作為建商與消費者之間的第一接觸點，肩負著重要的溝通使命，不僅是資訊的傳遞者，更是建案價值的詮釋者。常見的包裝策略往往根據地域環境與產品定位進行設計，以突顯項目的獨特性。例如，中山北路上的「中山麗池」接待中心，融入周邊精品街區的氛圍，讓產品連結到精品與飯店的生活情境，從而打造出高端的居住體驗。接待中心採用大量白膜玻璃，藉由半透光材質使整座建築宛如一塊羊脂白玉，散發出優雅的氣息。建築仿佛一座發光的珠寶盒，包裹著精品般的氛圍，承載著人們對奢華與精緻生活的無限想像。

接待中心設計須根據地理特徵突顯出差異

當然，隨著時間的推移，接待中心的價值詮釋也在不斷變化。GAPA Associates 設計師陳威誌觀察：「當前接待中心面臨客群日益細分的趨勢，因此其設計需更具地區特色與獨特性。」他進一步指出，「以前的接待中心較無自主性，像是台北市的接待中心放在林口或高雄也不違和，現在則會針對建案與地區的特點做出差異化。因此，設計過程中會將建案的位置、區域特性與周邊環境納入考量，好讓每個接待中心真實反映其文化與特色。」

以 2017 年設計位於關渡捷運站旁的「昇陽麗方」接待中心為例，由於基地靠近捷運軌道且地勢較低，陳威誌刻意將屋頂設計成漂浮如稻浪的形狀，使其成為獨特的設計特色，也使乘坐捷運的消

圖片提供｜GAPA Associates

2 2.「昇陽麗方」的基地略低於淡水捷運軌道，設計上以漂浮感的屋頂象徵著稻浪，來突顯建案附近的自然環境。

陳威誌
GAPA Associates 設計師

每個建案都力求呈現獨特的視角，以彰顯不同專案和基地的特性，這也成為銷售人員介紹個案的亮點。

費者經過時，能夠留下深刻的印象。另外，在新北板橋都更建案中，因周圍是市場和五層樓老公寓的鐵窗景致，設計了一個帶開口的外觀，呼應台灣的市街現況並創造新建物與環境對話的可能性。「每個建案中，我們都努力提出獨特的設計觀點，突顯不同專案和基地的獨特性，讓這些設計議題成為現場人員介紹建案特色的切入點。」

從綠色角度替接待中心建立經濟的設計體系

接待中心通常僅在地產項目銷售期間使用，隨著銷售期結束即被拆除，這種短期使用不僅造成資源浪費，還帶來大量建築垃圾。在與消費者溝通、共同構築居家願景的過程中，建商和設計者開始反思如何以「更妥善」的方式應對這一門課題。

陳威誌認為，永續與環保已成為當今的主流觀念，而接待中心作為一個有生命週期的建築，其設計相較於其他建築物，缺乏更多可持續利用的選項，例如雨水回收和廢棄物再利用。「雖然接待

中心的建材回收或再利用並不容易，但建商對永續環保設計的接受度正在逐漸提高。透過設計手法，可利用材料本身呈現的『裸材』紋理，減少人工成本以及塗料、打磨等額外處理過程。這不僅能降低材料二次、三次的加工浪費，拆除後的廢棄材料更容易回歸自然，進而減少汙染。」深圳 31 設計創意總監黃濤與設計總監李志宏也認同，現今重視綠色技術與材料的自然特性已是必然趨勢，在扎根土地文脈、展現建築材料和結構的同時，接待中心也能融入這一理念，可形成一套經濟且永續的設計體系。

陳威誌坦言，永續或環保設計面臨的首要問題是成本增加，因為無甲醛或經過環境認證的材料價格較高，執行上得要說服業主使用這些材料。以「睦月」接待中心為例，當時他除了強調有能力優雅地展示未上漆的夾板、角材和 OSB 板，再者也與業主深入

游覷
Atelier SUPERB 極製設計
所主持建築師

聯合銷售中心的模式不僅達成空間利用，為建商打造品牌式集中曝光與個案銷售之彈性。

圖片提供｜Atelier SUPERB 極製設計所

3. 「光簷」接待中心初始只為了服務單一建案，在銷售階段任務完成後，建商便將其他建案餘量移至此銷售，延長接待中心的使用期間。

分析接待中心的生命週期，通常僅為 3～6 個月，只要粗糙面不構成安全隱患，這些非傳統材料能大幅降低環境負擔，進而促進業主對設計理念的認同與接受。

外接待中心、聯合銷售中心，靈活應對地產銷售需求

除了從材料著手，接待中心的形式也是重要切入點。康智凱分享，市場上有些接待中心設於臨時搭建的區域，還有些則利用現有的辦公大樓或商業空間進行改造，設計與規模會根據場地和預算進行調整。游覷指出，「無論是重新搭建的『外接待中心』，還是租用現有空間的『內接待中心』，與預算規模並不總是呈正相關。有時，建案位於都市核心區域因缺乏可用空地，只能選擇租用空間作為內接待中心；如果有足夠的時間與空間來拆除原有建築，同時希望提升話題性和品牌識別度，那麼外接待中心便會應運而生。」

在此基礎上，也積極思考如何優化接待中心的空間利用，聯合銷

售中心的形成便是一例。游麪解釋，聯合銷售中心的出現主要是因為原本的建案銷售已達目標，但接待中心土地租期還在，因此業主可以將其他項目的餘量集中推廣，這不僅節省了租金成本，避免了重複投資，還使得接待中心在完成階段性任務後，能夠直接轉型為聯銷中心，從而減少資源浪費。此外，當建案基地不適合搭建外接待中心，或基地正在建設中時，也可以透過聯合銷售中心的方式進行推廣，消費者既能全面了解多個建案的優勢與特點，還能方便地進行比較，從而提升購買決策的效率。

游麪認為，「外接待中心通常是為了建立品牌識別度，或是創造專案獨特性與話題性而設立，而聯合銷售中心則是將多個項目集中銷售。通常，只有具有一定推案量的建商才會採取這樣的策略，以整合旗下多個建案項目，避免不同品牌之間的尷尬比較。」

圖片提供｜森境設計　攝影｜KPS/ 游宏祥

接待中心的再利用，解決資源浪費的問題，提升社區的功能性和居民滿意度，實現設計與環境的和諧共存。

王俊宏
森境設計設計總監

4. 接待中心逐漸演變為社區長期使用的公共設施，如公設大廳、健身房、KTV、泳池等，體現永續性和多功能性。

4

接待中心轉化成未來的社區公設

接待中心的空間利用在台灣與大陸有顯著差異。森境設計總監王俊宏具有兩岸接待中心的設計經驗，他分析：「台灣的接待中心通常為短期性質，主要目標是實現銷售，完成後即會拆除；抑或是同一個接待中心可能會服務 3 ～ 4 個建案，在一個建案結束後稍作內部修改便接續販售。反觀大陸的做法，為了解決短期使用帶來的資源浪費問題，開始朝向將接待中心轉化為其他有用空間，以『所見即所得』的策略，直接將接待中心轉化為未來的社區公共設施，配備公設大堂、健身房、KTV 和游泳池等多功能空間，強調可持續性。」王俊宏進一步談到，在這種情況下，促使設計師尋找更有效的空間利用方式，避免短期使用帶來的資源浪費，設計的同時不僅要關注空間美感，還需參與銷售，考慮整體規劃及未來用途，使接待中心能真正融入社區設計中。

他強調，強化社區功能已成為設計的重要考量。接待中心轉型為公共設施，可以滿足居民的長期需求，如才藝教室和棋牌室，

從而提升整體社區價值和居民生活品質。同時，市場競爭力的增強也是推動這一轉變的關鍵因素。具備多功能且可持續利用的社區設施，不僅吸引更多潛在買家，還能顯著提升項目的吸引力。

為售樓處尋求更多的價值

同樣參與許多大陸地產項目設計的黃濤與李志宏認為，隨著社會經濟的快速發展和物質水平的提升，接待中心的「去銷售化」已成為共識，並逐步轉型為「體驗中心」，原因在於它已融入社區配套的一部分。

以「上海招商臻境」為例，它並非常規意義上的接待中心，而更像是體驗中心。設計的最終目的是回歸生活，以人與社區為核心，

圖片提供｜深圳 31 設計　攝影｜一千度視覺、ingallery

5. 接待中心逐漸轉型為體驗中心，將人與空間視為一體，從人的實際需求出發，結合社區生活功能，著重強化場景的體驗感。

黃濤（左）

深圳 31 設計創意總監

李志宏（右）

深圳 31 設計設計總監

思考接待中心時，要留意空間的成長性，需具備前瞻性思維，深入探討如何提升產品力、社區力與運營力，才能持續帶來深遠的價值。

注重人在空間中的體驗感、愉悅感與儀式感，才能帶來持久的影響。此外，在功能規劃上，深圳 31 設計團隊融入了酒店級別的會所設施，既能有效利用資源，又能讓客戶提前體驗未來的生活場景。這樣的「體驗中心」可以成為社區的運動中心、圖書館，甚至私人聚會的場所，或作為家庭與工作之間的情緒緩衝區，融合多重功能，打造理想的社區人居環境。

展望未來，黃濤與李志宏說也將不斷創新，透過人性化的標準化設計，為地產展示空間賦予持久的市場競爭力與自我更新能力。儘管展示空間並無終極理想狀態，但人與環境的關係是地產行業必須深思的重要命題，將保持多元化的探索，為項目持續創造更多價值。

下一章節「I-SELECT 接待中心的綠色解決方案」將以「聯合銷售中心」、「設計永續性」、「空間再利用」、「外接待模式」四大面向，介紹國內外新興的接待中心作品，看設計人如何為接待中心的永續設計提供新的視角和靈感。

光簷
整合銷售延續接待中心的使用效益

建案的接待中心是一個起建就注定要拆除的建物，若能延長期其使用壽命也是相對環保的作法。「光簷」這個接待中心在原案完售後，業主繼續使用成為品牌的聯合銷售中心，將旗下其他餘案整合至此銷售，增加了接待中心的使用效益。

聯合銷售中心 | 設計心法

1. 天窗、天井引入自然光，點出建案周圍豐富自然景觀特點。

2. 打破以往隔間方式，改以光影隱形區隔出不同機能空間。

3. 樣品屋刻意保留想像空間，讓高端客戶可根據喜好規劃。

文｜Joyce　圖片暨資料提供｜Atelier SUPERB 極製設計所　攝影｜丰宇影像 趙宇晨 Yu-Chen, Chao

1

1. **借力使力增強接待中心氣勢**　光籌接待中心刻意融入後方大樓外觀，讓這大型量體增加接待中心氣勢。

此接待中心銷售的建案基地位於半山腰，為了點出基地被自然綠意環繞的特性，Atelier SUPERB 極製設計所利用屋頂作為一個濾光構造，讓銷售洽談室都有三面以上的光線，成為一個被外部環境包圍的包廂，而接待大廳也藉由水池與天窗光線互相映照的光影變化，去捕捉戶外景觀與氛圍，搭配植栽，讓客戶體感上彷彿享受著自然環境圍繞，以此強調出建築跟自然環境的關聯性。

以天光明暗界定室內空間，接軌戶外景色

接待中心為一狹長形狀的長方形，厚重的屋頂設計不僅具遮陽效果，頂上刻意選擇的天窗位置，更成為空間分隔元素，創造出多樣化的空間體驗。門口的水池映照上方天光，界定出門廳位置。天窗、天井的設計，讓長方形室內也能有充足光線，並利用自然光投射的明暗對比，區隔出室內各個不同空間。

也因基地位於大直馬路旁，戶外沒有自然舒適景觀，以白紗隔出的室外窗景，可隱約看到外面的樹影與人影晃動，帶來變化新意。接待中心外型除了要能融入周遭環境不顯突兀，也刻意與後方的白色建築融為一體，藉後方大型量體來拉強接待中心整體氣勢。

為服務高端客戶，動線格局上經過刻意安排，辦公室位於最前端門口，可時時注意停車場狀況，當客戶停車走向迎賓 Lobby 刻意安排的長水池走道至門口時，服務人員就可以等在門口進行接待。整體動線設計考量到客戶的體驗流程，從迎賓區、多媒體展示區、模型區到個別銷售室，形成一個順暢的導覽路線。

樣品屋保留想像空間，家具增添質感

前往後方樣品屋的動線則刻意收攏，在進入樣品屋門口的廊道上方開了天窗，打亮入門儀式感。僅以光影裝飾的接待大廳，也是為了襯托後方樣品屋的素雅細緻與情境鋪陳，家具擺放位置刻意與彼此隔開，宛如陳列雕塑品，為樣品屋質感加分。

樣品屋設計上強調通透感，透過大面積玻璃窗引入自然光，將室內外空間視覺上連接起來。隔間則刻意與牆面脫開，使用視線可穿透的材質如玻璃作為隔間材料，讓全屋視線穿透性變好，因為此類豪宅商品多以毛胚交屋，保留空間穿透性讓客戶在參觀時，能保有對未來裝潢的想像空間，可根據自己的喜好進行空間規劃，而不被做實的格局限制住思考。而這樣品屋在建案完銷後，即可搖身變成個別建案的建材與模型室。

聯合接待中心首要獨立洽談空間，樣品屋轉為建材模型室

Atelier SUPERB 極製設計所主持建築師游巍表示，此接待中心能夠轉為六案聯合銷售中心，最大關鍵是銷售區域不是連續空間，而是有個別獨立區域，才能接待不同建案的客戶，確保客戶能專注於個別案子的介紹。

以光影裝飾的設計手法，也讓接待大廳不帶有太多識別色彩。原介紹建案特色的影片室，可變成介紹公司品牌核心理念，以及處理建築空間的手法特性，做整體性的介紹，再進到由樣品屋改成的個別建案建材室，就能進行各個建案更細緻的介紹與說明。

2　2. **以光線界定使用區域**　利用屋頂特定區域開窗引入天光製造明暗效果，來界定室內各機能區域。
3　3. **植栽接軌戶外景物標示建案特色**　以植栽與戶外光線，讓室內與戶外景色接軌，突顯建案四周充滿綠意的特色。

4. 光影變幻製造驚喜 以半透光材質隔開室外雜亂市容，以隱約可見的光影來增加視覺變化性。**5.6. 天光貫穿而下製造戲劇效果** 通往樣品屋的門口上方刻意打開天光，製造入門的戲劇效果。**7. 製造家具雕塑感增加質感氛圍** 把家具位置彼此隔開置於相對中央位置，呈現如雕塑般效果，增加室內質感。**8.9. 斷開實牆連結保留想像空間** 利用透明材質讓視線穿透，保留客戶裝潢的想像空間。

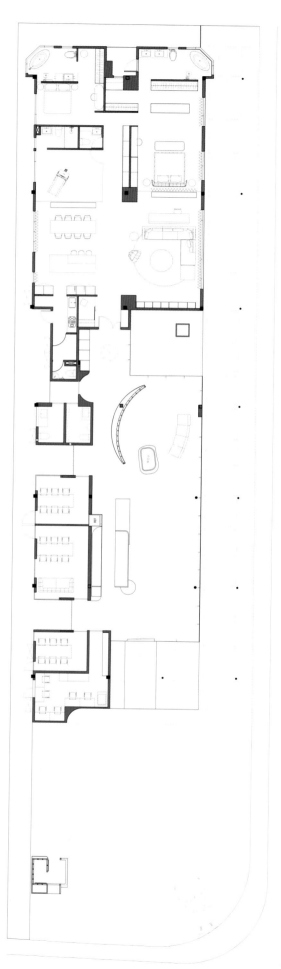

接待中心為一狹長形狀的長方形，利用屋頂特地位置開窗引入天光，
用明暗來界定室內區域，也保持了室內的開闊度。

Design Data

設計師：游覰、許茗晴、江翰、陳巧妮

設計公司：Atelier SUPERB 極製設計所

信箱：ateliersuperb@gmail.com

Project Data

接待中心名稱：璞園聯合銷售中心

地點：台灣・台北大直

坪數：約 150 坪

格局：接待大廳、洽談銷售室 X3、建材室

建材：鋼構、木作、塗料、玻璃、窗簾、磁磚

10. **天窗為室內捕捉自然元素** 光籠利用屋頂天窗引光，為室內空間捕捉戶外自然元素。11. **獨立洽談室為聯合接待中心要件** 獨立洽談室保有客戶的隱私，也是日後能轉為聯合接待中心的重要條件。

| 10 | 11 |

睦月
原始材減少廢棄物的環境負擔

接待中心「睦月」面臨兩大問題,一是建案基地需整合兩棟不同建築,二是如何識別建案獨特性。設計師以水平延伸線條,整合旁邊未拆建築並標示出基地完整性,並以不上漆板材這種友善環境材質作為主要建材,還能在預算控制上取得經濟效益。

設計永續性　　設計心法

1. 透過線性元素模糊建築物界線，標示基地完整性。
2. 未上漆板材對環境友善，又可減少人工與材料成本。
3. 調度空間尺度大小，減少冷氣耗損。

文｜Joyce　圖片暨資料提供｜GAPA Associates　攝影｜李國民、原間影像朱逸文、甲桂林蔡志榮

1

1. 流線外觀創造接待中心話題性　陳威誌以「流動」、「循環」、「線性」等關鍵字形塑接待中心外觀，映照建國北路的車水馬龍，也創造出話題性。

「睦月」接待中心位於建國北路這條貫穿台北市區、車流量數一數二的主幹道旁，GAPA Associates 設計師陳威誌首先要解決建案基地由兩棟建築面積組合而成，如何讓接待中心這棟「新」建築不突兀、也能整合「舊」的未拆建築，讓潛在消費者理解到基地完整性，以及符合業主希望接待中心能呈現出與附近社區個性咖啡廳、書店的連結與獨特性。

線條整合基地內不同建築外觀增加識別度

外觀上陳威誌以「流動」、「循環」、「線性」等關鍵字，捕捉城市運輸大動脈的流體狀態，設計出不同長短粗細線條、層次感豐富的水平百葉建築外掛，將抽象的流體力學用設計手法具體表達出來，並順勢整合旁邊未拆除建築，也模糊小基地上多層樓與大箱體建築的輪廓與邊界感，將其融合成一個複合型設施，也能阻絕室外車流噪音，營造室內沉浸感。

陳威誌表示，「睦月」若能在接待中心外觀營造出獨特性，也能吸引潛在顧客產生好奇心，進而增加討論議題。再與專業策展人合作，善用另一棟未拆建築內部做成小型展覽空間，進行名人選書推薦、講座活動、展示藝術畫作及附近特色店家的咖啡、書籍等商品，與在地店家產生連結性，也能吸引到目標客層，增加討論度。

接待中心部分，陳威誌將「睦月」接待中心建築面積不大的缺點轉化為建案特色，首先以 15 公尺高三層樓格局，將機能分層置放。一樓為客戶停車空間，二樓則是接待空間、分為三間洽談室與影片展示區，三樓則為建材室與活動空間，將來在另一棟舊建築拆除後，可將展覽與活動移到這裡繼續舉辦。

減少材料二次加工，避免廢棄物增加環境負擔

建材上，凡是客戶接觸不到的天花、地板，都使用工地常見的未上漆夾板與角材，甚至以貨櫃常見的防撞材 OSB 板作為一樓停車場的天花建材。陳威誌表示：「一般室內設計看到沒上漆夾板，會覺得是一個未完成的狀態，但在這空間中反而變成一個特色，也符合接待中心扮演的角色。未上漆的夾板與角材，除可減少人工塗佈時間與成本，拆除後廢材對環境來說也相對友善。」

另外因為基地後方有建國啤酒廠尚未整理的建物，但可遠眺台北車站建築天際線，同時也有西曬問題，陳威誌利用角材交錯排列形成屏幕阻擋室外熱度，但在上下開口引入光線，也能眺望台北天際線，營造出日式茶室的閒適感。

空間尺度上，二樓天花刻意營造出斜方屋簷的感覺，除了有家的意象，也讓接待櫃檯空間挑高，但洽談室維持正常室內尺度，一方面可讓客戶體感未來住家的空間感，二來也可減少冷氣在大空間的消耗。動線上將樓梯放在最內側，一方面讓出明亮窗面給洽談室使用，二來在後方舊建築拆除時，也能達到一定程度的隔絕效果。

2. **環保材做停車場天花**　一樓停車場的天花，以貨櫃常見的環保防撞材裝飾，以木材本身壓製的花紋形成自然裝飾。3. **木材原始紋理營造溫暖氛圍**　客戶接觸不到的天花，以未上漆的夾板作為主要材料，日後拆除能減少環境負擔。4. **以設計手法呈現建材自然樣貌**　利用角材排列製造裝飾紋理，也遮擋窗外尚待整理的景致與西曬熱度。5. **線性元素與木作風格整合基地內建築**　利用基地內另一棟未拆建築空間內部做成展覽與講座空間，外部流體線條與內部木作風格與接待中心統一，增強連結性。

2
3	4
5

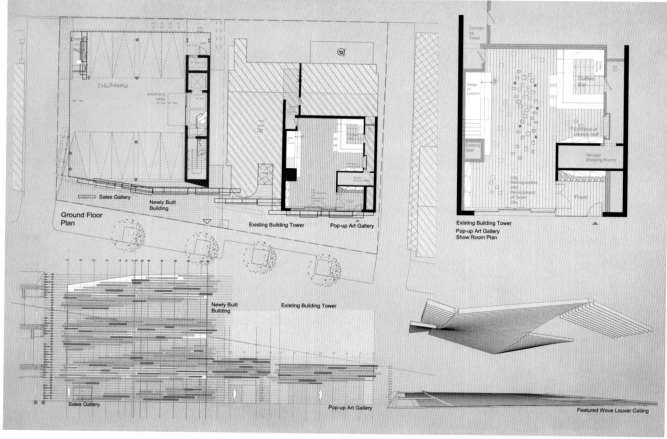

此接待中心為三層樓格局，一樓為客戶停車空間，二樓配置了接待和
三間洽談室與影片展示區，三樓則為建材室與活動空間。

Design Data

設計師：陳威誌

設計公司：GAPA Associates

信箱：gapa.gch@gmail.com

Project Data

接待中心名稱：睦月

地點：台灣・台北市

坪數：387㎡（約115坪）、占地面積：275㎡（約83坪）、建築物室內總面積：665㎡（約200坪）

格局：1F：停車場、2F：接待櫃檯X1、洽談室X3、影片播放室X1、3F：建材室X1、活動室X2

建材：未上漆夾板、未上漆角材、OSB板

6 7　**6.7. 運用一片片木料展現層次**　將一片片木料以有秩序方式排列，形成層次分明的效果。

自由綠洲
引綠意入室，淺白紋理紓壓空間氛圍

位在二重規劃區的新建案「自由綠洲」，基地位置位在二重公園旁，附近還有占地 424 公頃的新北大都會公園，加上基地四周道路寬達 8 米，採光良好、鄰近綠意，工一設計規劃的設計接待中心，將採光與綠意融入室內，客戶觀看基地時，置身在一個輕鬆自在的環境。

設計永續性　設計心法

1. 鐵件格柵、玻璃帷幕引入日光。

2. 玻璃隔間將周邊綠意融入，模糊室內外界線。

3. 半開放格局，兼顧隱私且保有採光。

1

文｜Tina　圖片暨資料提供｜工一設計

1. **夜晚的「自由綠洲」** 圓弧狀畫出一格又一格的曲線，夜晚在光線照耀下，呈現曲線狀造型感。

「自由綠洲」基地位置位在三重的二重規劃區。基地對面是二重疏洪親水公園，往南走路就可到達占地 424 公傾的新北大都會公園，綠意盎然的基地位置讓「自由綠洲」擁有良好住宅環境的條件，且周邊道路大多 8 米寬，讓接待中心四周無高樓遮蔽，擁有絕佳充足採光。

工一設計負責規劃設計接待中心，將基地周邊環境的優點善加運用，以鐵件柵欄加玻璃帷幕為外觀，時尚簡練的外貌除了吸引路人目光，同時也注入設計巧思，能夠把採光和周圍綠意順勢納入室內，模糊室內外空間界線，讓來訪客戶身處在舒服自在的環境與銷售人員接洽。

弧狀作為空間主軸，帶來柔和質感

有別於傳統的接待中心封閉擁擠的空間結構，「自由綠洲」希望拉近與客人之間的距離，走進接待中心向走入一間寬敞明亮的咖啡館，利用柔和的圓弧狀線條貫穿室內，界定空間場域界線，將室內劃分成兩個洽談區。以弧狀作為設計主題，圓弧天花板貫穿室內，米白色穿插深色系，讓天花板在輕盈中帶些重量感，顯得沉穩安靜。

洞穴般包覆感的包廂區，是以木作畫出弧狀，迎合空間整體的圓弧感設計，以視線可穿透的木作作為隔間，不做滿牆面的半穿透隔屏，空間獨立私密同時光線保持流動，保有絕佳採光。天花板和牆面維持米白色系，以木紋紋路帶些線條感，桌椅則選用深色，空間產生視覺差異化，豐富空間層次感在淺色包圍下，心情能輕鬆舒適。

白天與夜晚的空間光影，各有一番情調

位處室內中央的區域，佈置了數張小圓桌作為洽談區，營造咖啡館的輕鬆氛圍，客戶與銷售專員能以一種更為親近的距離互動，四周佐以綠意點綴，也作為場域切換。小圓桌區域以 L 狀和一字狀座位切割場域界線，綠色植栽鋪成的錯落有致，成為室內的綠意景觀區，在 L 狀和一字狀沙發圍著圓桌洽公，綠意襯托下心情也會顯得自在許多。就連接待中心的洗手間，設計師也充分運用採光，結合天然質感的水磨石作為地面跟壁面，再以淺色木質調打造溫暖氣息，讓自然的氛圍延伸空間內的每一個角落，都感受到光影的滋潤。

整體室內挑高，拉大空間場域感。設計師把綠意納入室內，除了作為空間場景之外，同時呼應建案名稱。光影的部分，白天讓天然採光隨著時間遷移流動空間光影，天然光是最美的照明，而到了夜晚，光影鋪陳改為走向沉穩寧靜。將光源降低，僅讓桌面的白色吊燈作為主要照明，輔以投射燈穿插室內角落和牆面，天花板的深色部分到了夜晚像是降下布幕，空間在燈光拂下，深淺交錯的空間色澤，產生層次感，而像洞穴造型的洽談區，在夜間透過光線，圓弧線條更加明顯，讓夜晚的接待中心像一盞美麗的燈籠，在夜空下閃耀。

2. **挑高的室內空間，帶來舒暢感**　接待中心的空間挑高，人在空間自然感受無壓迫。設計師將天花板規劃弧狀，讓空間線條更加柔和。3. **以光影為指引，導引客人入內**　鐵件加玻璃作為接待中心建築外觀，到了夜晚室內外交融在一起，室內發出的光線引導著入門。4. **綠意環繞的洽談區，溫馨自在**　空間中央的位置，設計師將植栽鋪陳在座位區，以錯落有致的景觀佈置增添視覺強度。5. **洞穴狀造型帶來包覆感**　靠窗的洽談區，一整排弧狀造型，像一個個洞穴，排列出一區又一區的隱密感。6. **半開放洽談區，兼顧隱密跟採光**　靠窗規劃了一排洽談區，都以洞穴造型感的曲線作為空間界線。再以木作做出半隔屏的隔間，讓光線保持流動。

2	
3	4
5	6

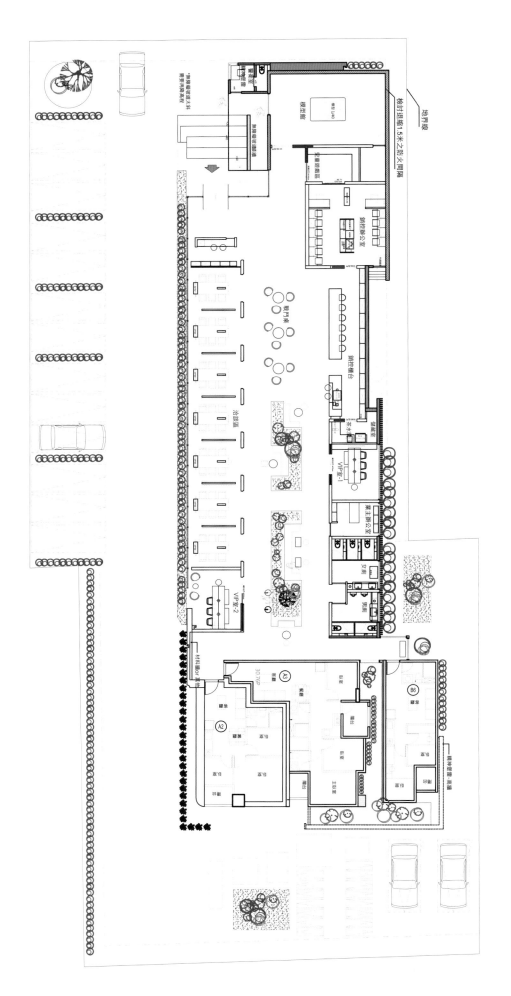

長條狀的接待中心，讓左右兩側採光均勻入室內，規劃靠窗區跟中間沙發座椅作為洽談區。

Design Data

設計師：王正行（左）、袁丕宇（中）、張豐祥（右）

設計公司：工一設計

網站：oneworkdesign.com.tw

Project Data

接待中心名稱：自由綠洲

地點：台灣・台北

坪數：4,065.12 ㎡（約 1,229.7 坪）

格局：模型館、兒童遊戲區、辦公室、櫃檯、VIP 室、洽談區、戰鬥桌、樣品屋展間、建材牆

建材：鐵件、玻璃、水磨石、木作

7 8 9

7. **洗手間納入採光，明亮舒適**
自由綠洲基地位置良好，四周採光充足，洗手間也將日光引入，搭配水磨石的自然質感。

8.9. **植栽伴隨，氣氛更顯輕鬆**
通常接待中心給人的感覺比較擁擠或吵雜，當有植物環繞加上沙發座椅，能讓空間多分自在。

嶼 BayHaus
幾何與材質巧用，玩轉地產空間定義

「嶼 BayHaus」接待中心位於台灣高雄前鎮區，於建案一樓劃分空間作為接待中心，利用
幾何量體手法在既有的平面格局中創造高效益且有趣的機能分區。整體規劃展現對年輕市場
的定位理解，透過材料的應用體現創新設計策略，打造融合建築元素的新穎接待中心。

空間再利用 設計心法

1. 建築內外特色呼應，強調連貫性。
2. 簡約材料與色調，營造流暢空間感。
3. 動線規劃及機能完善，增強空間多用途。

文│田可亮　圖片暨資料提供│十幸制作 TT DESIGN　攝影│Yi-Hsien Lee and Associates YHLAA

1

1. 以現代設計應對銷售策略的挑戰
設計團隊需在代銷與建商之間協調，平衡雙方需求，最終以簡約現代感的設計取得建商的信任，成功推動設計落地。

「嶼 BayHaus」接待中心就座落在建案的一樓，劃分出空間一隅作為銷售中心。初始概念為單純的房地產建案接待中心，由於業主對設計師專業的青睞，設計團隊得以為空間引入當代的設計元素，進而推動了接待中心朝向更年輕的消費群體，吸引更多新生代購屋族。

簡約材料的巧妙運用塑造深度與流暢的氛圍

設計團隊以具現代感的方案做回應，強調建築內外的和諧延續，將外觀的材料與理念巧妙融入室內，使空間的過渡自然流暢。材料選擇遵循簡約而不簡單的原則，常見的木材、磁磚等基本材，經運用後，營造出層次分明、富有深度的空間感。木材帶來自然溫潤，透過紋理與色彩變化增添視覺豐富性；磚材則在色彩、尺寸與排列上展現設計巧思。這些天然材料不僅美觀，還具長壽命與低維護成本，契合現代環保建築的永續理念。

動線規劃與機能劃分，以客戶體驗為優先考量

設計動線和空間布局上，設計師強調區域之間的連貫性與實用性，因為動線規劃直接影響使用者的流動感與整體空間的體驗，慎密的動線安排，不僅能最大化各區域的功能性，還能創造出流暢的使用體驗。例如，沙發區與銷售區的動線互相交融，既不干擾各自功能，又形成了一個舒適且互動性強的區域，還進一步提升了客戶的整體體驗。這種靈活的空間布局，使空間能夠適應多種用途，無論是私人會議、工作洽談，還是休閒交流，動線規劃都為每種使用場景提供理想的環境。設計師在每個細節上考慮了不同的使用情境，確保空間在實用性、美感與舒適度之間達到完美平衡。

燈光實現與空間的和諧統一，材質與建築相互呼應

燈光設計上，設計師希望保留空間的互動性，因此選擇了與空間高度互通的燈具設計。牆面設計了開口和縫隙，當人經過時，燈光會投射出有趣的影子，讓光影互動成為空間的一部分。為了避免黑鐵燈具的突兀感，設計師選用了樺木包覆軌道燈，與木質空間的穿插相呼應。燈具之間的交疊設計進一步強化了空間的流動感，實現了燈光與整體空間的和諧統一。至於在材質與色彩選擇上，設計呼應建築外觀的淺灰色調。儘管未直接使用相同的材料，但在設計理念上，內外空間形成了統一的視覺語言，提升了接待中心的整體協調性。設計師巧妙運用簡約材料，精心規劃動線，創造出一個統一、和諧且功能多樣的空間。這樣的設計不僅具有美學價值，還特別注重使用者的體驗，讓空間既視覺吸引又實用高效。

整體設計融合了自然、建築與人文理念，讓空間彷彿有了生命力，實現了功能與美感的完美平衡。同時，這種設計不僅善加利用空間、成功吸引了年輕購屋族群，更為業主帶來了更好的商業效益。

2. **設計強調簡潔、內斂的材料使用**　主要使用簡潔好施作且符合預算的材料。牆面和櫃檯等主要結構均採用木作，並搭配建築外觀使用的元素，如磁磚及清水模塗料，來增強空間的一體感。3. **引入自然採光並輔以線性光源**　除了將自然採光引進空間中，室內空間配有吊燈和線性光源，並透過設計隱藏燈具，讓光影在空間中形成互動效果，增強整體氛圍。燈具材質選擇上，採用樺木甲板，避免黑鐵元素太過突兀，確保空間的自然連接。4. **配合動線規劃的垂直水平線性元素**　空間中所有垂直水平的元素都符合比例合宜的分割，在動線規劃的基礎上營造虛實相間、現代摩登的趣味。5. **以幾何量體界定空間**　於低彩度色調的空間中透過俐落的幾何量體牆面及櫃體，作為空間與機能分區的界定。6. **供顧客等待與洽談的舒適氛圍體驗**　基於動線設計的考量，沙發區設於較後方，形成一個放鬆的等待空間，供客戶在參觀後稍作休息。接待流程從沙發區過渡到銷售區，營造出層次感和功能分區的空間體驗。

2
3

4	5	6

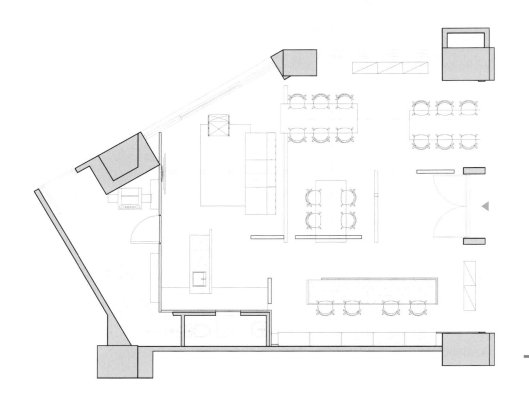

格局與動線必須兼顧銷售外，設計師亦
強調區域之間的連貫性與實用性，靈活
布局櫃檯區、洽談區、沙發區、銷售區
等，彼此不受干擾，又能兼顧實用與舒
適度。

PLUS+ 施作工序解析

STEP 1 主牆木作與表材包覆

服務區空間主體以木作量體作為主
要背牆並兼具收納功能，同時特別
利用樺木拼接作為表面的修飾，於
灰白色調的空間中植入暖性的氛圍
元素。

STEP 2 輕隔間牆面脫縫處理

與其使用實牆作為空間的分割，設計
團隊利用斷面與脫縫處理，呈現部分
通透的視覺效果，亦增加空間的層次
感與減少壓迫。

STEP 3 磁磚拼貼牆面

手工拼接施作的磁磚牆面，與建築
外立面呈現異曲同工之妙，同時考
驗施作細緻的勾縫及對線處理。

STEP 1

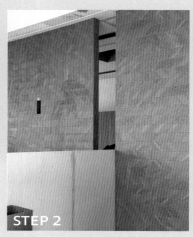

STEP 2

STEP 3

文、整理｜田可亮　設計、資料暨圖片提供｜十幸制作 TT DESIGN

Design Data

設計師：趙玗、蔡昀修、林宛蓁

設計公司：十幸制作 TT DESIGN

網站：truething.design

Project Data

接待中心名稱：嶼 BayHaus

地點：台灣．高雄

坪數：92㎡（約 28 坪）

格局：服務櫃檯、洽談區

建材：油漆、磁磚、樺木夾板、美耐板

7 8 9

7.8. **牆面開口與矩形量體的置入** 輕隔間牆面因應訂製的矩形桌板與吊燈做相對的開口溝槽，讓不同量體交互呈現輕盈且不同空間的光影相互穿梭的效果。9. **幾何元素垂直延伸效果** 除了透過幾何牆面作為空間的界定，櫃檯服務區的天花板另做深色方形開口並暗藏燈光，猶如另類天井，增添空間的神秘感。

慢步
接待中心至公設，豐富機能體現永續

在現代房地產設計中，接待中心的角色不再僅是銷售期間的一個展示場所，它開始承載更長
遠的公共使用功能。而「慢步」此案在疫情的背景下，亦令森境設計總監王俊宏的設計方向
與思維方式發生深刻變化，空間除了功能性，更是凝聚對時間的珍視與感知。

空間再利用 設計心法

1. 從建商到未來住戶的全方面思考。

2. 40 米竹林步道串聯機能實踐設計概念。

3. 物盡其用,將大模型區轉化社區電影院。

1

1. **汲取大師智慧讓生活腳步慢下來**
「慢步」由安藤忠雄的地中美術館、
李安的《臥虎藏龍》以及蔣勳的書中
汲取靈感,透過 40 米圓弧步道讓生活
腳步慢下來。

文|張景威　圖片暨資料提供|森境設計　攝影|KPS/ 游宏祥

在傳統的房地產專案中，接待中心主要用於短期的銷售階段，之後很可能被拆除或閒置。然而，隨著現代人對環保和資源永續的重視，許多建設公司與設計師開始將接待中心轉變為長期公共設施，例如社區會所或文化藝術空間，這樣的設計方式不僅避免資源浪費，也大幅提升社區整體價值。本次「慢步」既是建案的接待中心，亦是未來的社區公共設施，這也是大陸常見的「全案設計（即接待中心是未來的公設一部分）」模式。

同心圓竹林串聯各場域，步出慢的價值

森境設計總監王俊宏提到，「慢步」的設計啟發源自於疫情隔離期間的深刻感受，在那段時間，原本忙碌的生活節奏被迫放緩，讓他第一次真正地瞭解「慢」的價值與重要性。這也促使他在設計這個空間時，希冀創造一個讓人們能夠「停留」的場所——一個能夠讓人放慢步伐，感受時間流逝的場所。因此，接待中心圍繞著「慢步」這個核心理念，透過精心規劃的動線與空間布局，讓參觀者與未來的住戶能夠沉浸於時間與空間交織的世界。

王俊宏提出以竹林步道為核心的概念，將 40 米長的竹林步道作為空間的中心動線，串聯起公設的各個功能區域，包括茶室、健身房、宴客廳等，這樣的設計除了賦予空間慢步的意境，還為未來的社區居民創造持續使用的公共空間。而接待中心擺放大模型的空間將近 9 平方公尺，在銷售後即會撤離，這麼大的空間該如何運用？王俊宏利用寬闊場地優勢與原本就有的投影布幕設備，構築社區電影院，減少重複設計施工的浪費，並且賦予居民最實用的機能。

設計元素引導未來住戶的居住想像

有如進入位於日本瀨戶內海的安藤忠雄所打造的地中美術館，需要經過長長的步道後始能欣賞藝術作品，「慢步」亦是透過同心圓的竹林步道讓人「慢下來」。這樣的設計不僅是視覺上的享受，更是在讓訪客在參觀過程中逐漸放慢步伐，進一步沉浸於空間所傳遞的生活理念，並擁有與自己心靈對話的體驗，同時激發他們思考對未來住居環境的想像。

王俊宏還考慮透過空間設計來引導消費者對未來居住環境的想像。他從李安的《臥虎藏龍》以及蔣勳的書中汲取靈感，利用竹林、茶室等東方意象的運用，讓整個空間充滿自然與人文氣息，竹林象徵著東方的寧靜與內斂，並在竹林中的茶室強化此種意象，令人感受到自然與文化的交融。在材質選擇上，「慢步」選用大量的木質元素，這不僅與竹林的自然氛圍相呼應，還賦予空間溫暖與舒適的感受，而框架、板塊與杆欄則演繹著中式的脈絡，賦予現代東方印象。

接待中心設計從單純的銷售工具，發展成為社區長期使用的公共設施，體現現代房地產市場對永續設計和社區功能的更高要求，這種設計理念的轉變不僅滿足市場需求，也為社區生活創造更豐富的可能性。

2. **40 米竹林步道實踐身心靈滿足**　透過 40 米竹林步道串聯社區機能，並讓人學習放慢步伐，在這裡與自己心靈對話。3. **燈光與溫潤木材質營造安心、舒適氛圍**　下降式的洽談區透過燈光與溫潤木材質營造讓人安心、舒適的氛圍，這裡亦是日後社區的交誼空間。

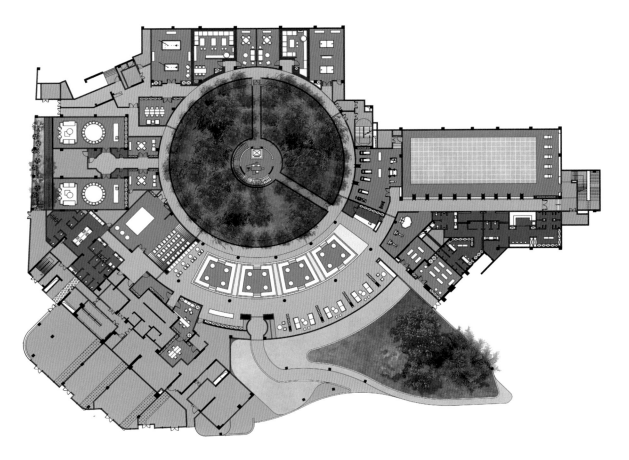

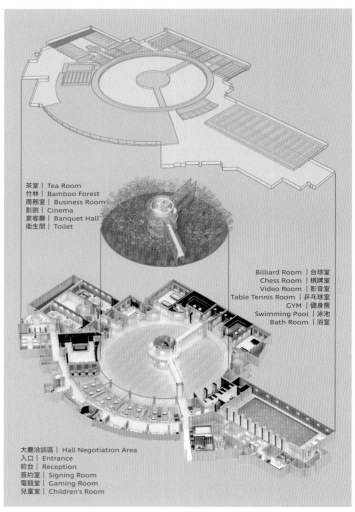

茶室｜Tea Room
竹林｜Bamboo Forest
商務室｜Business Room
影院｜Cinema
宴客廳｜Banquet Hall
衛生間｜Toilet

Billiard Room｜台球室
Chess Room｜棋牌室
Video Room｜影音室
Table Tennis Room｜乒乓球室
GYM｜健身房
Swimming Pool｜泳池
Bath Room｜浴室

大廳洽談區｜Hall Negotiation Area
入口｜Entrance
前台｜Reception
簽約室｜Signing Room
電競室｜Gaming Room
兒童室｜Children's Room

「慢步」此案利用同心圓設計串聯竹林與接待中心及
公設，無論是步行於空間中或是活動時都能感受竹林
的照拂。

Design Data

設計師：王俊宏

設計公司：森境設計

網站：senjin-design.com

Project Data

接待中心名稱：慢步

地點：大陸・廣東

坪數：1,059 坪

格局：前台、簽約室、茶室、宴會廳、棋牌室、桌球室、娛樂室、乒乓球室、健身房、泳池

建材：岩板、軟瓷、實木復合地板、鋼刷木皮

4.5. 接待中心強調日後的真實體驗　大陸建案的接待中心「所見即所得」，因此已經具有日後可實際使用的健身房與游泳池。

上海招商臻境
跨越銷售功能，為未來生活預留可能

「上海招商臻境」並非傳統定義上的接待中心，而是一個融合了長遠規劃與多元功能的空間
設計。它不僅僅是用來展售地產項目、接待客戶，還考慮了未來作為社區生活配套設施的一
部分，從會所到休息區，每個區域的設計都具備靈活性，能夠隨著使用者需求的變化而轉變。

空間再利用 設計心法

1. 融合品牌精神、需求與文化，打造獨特空間體驗。

2. 設計從長遠出發，納入社區生活配套設施概念。

3. 任何一項思考皆引領未來住戶理想生活的樣貌。

文、整理｜余佩樺　圖片暨資料提供｜深圳 31 設計　攝影｜一千度視覺、ingallery

1

1. 創造與都市新貴共鳴的生活美學
「上海招商臻境」嘗試透過美好生活方式與都市新貴建立深度共鳴。

深圳 31 設計深知「上海招商臻境」不僅著眼於銷售中心的功能，更考量其作為居民長期生活設施的潛在用途。因此設計從長遠視角出發，規劃了多樣化的空間功能，包括會所、休憩區、雪茄吧、泳池、瑜伽室與健身房等。這些空間的設計靈活且具有適應性，能夠隨著社區需求的變化而進行調整，確保空間的長久價值與可持續發展；在當前展示體驗中，設計亦強調彈性，確保未來使用者能夠享受舒適且與時俱進的生活空間。

以現代手法重新詮釋海派建築的藝術語彙

規劃初期即為整體設計定調，基於「臻」系品牌倡導的「靜於己心，奢享世界」靜奢主義美學，整合品牌精神、洞察客群需求與當地文化，營造出傳統與現代相融合的獨特空間體驗。設計團隊以現代手法重新詮釋海派建築的藝術語彙，將品牌的「超級符號」轉化為現代設計語言，透過視覺與感官的體驗，與都市新貴的生活方式深度共鳴，打造出專屬於上海的靜奢臻境。

空間設計自踏入的那一刻起，便釋放出強烈的視覺張力。光線與玻利維亞石材交織出的詩意美感，宛如「心若繁花」的景象，象徵著歸家的滿足與尊榮感。整體空間的構建，如同一場視覺與心靈的饗宴，從連廊到水景，再到庭院，每一步都成為與自然相連的橋梁，帶來無窮驚喜。

作為上海文化象徵的石庫門，成為設計基底，經過現代手法的簡化，圓拱元素呈現出戲劇化的裝飾效果。從穹頂、牆面到燈飾，Art Deco 風格與品牌符號的幾何語言相互交融，弧線與金屬材質的對比，營造出秩序與動態美感。巨型水晶吊燈靈感來自白玉蘭花瓣，透過光影展現出碎金般的奢華氛圍，讓人彷彿置身於《大亨小傳》中的華麗場景。結合「鄔達克」風格的現代曲線與玻璃工法，Art Deco 風格在空間中得以現代化呈現，營造出時空交錯的視覺效果。藝術樓梯從老洋房的曲線樓梯汲取靈感，以金屬線條與藝術玻璃勾勒出優雅且富有故事感的姿態，靜靜訴說著這座城市的繁華歷史。

每一個細節描繪，憧憬著理想生活的樣貌

空間中的大面積落地窗與鏡面設計，將室內與下沉庭院的景致深度結合，讓戶外的自然景觀自然滲透進來，模糊了空間的邊界，營造出一種流動的動態感。

在各區的規劃上，首先看到接待區與洽談區部分，設計團隊將品味轉化為舒適的體驗，優雅的色彩搭配與細膩的質感，既體現了對海派美學的探索，無形之中也勾勒出理想的居家氛圍，藉此引領住戶對未來生活的美好想像。至於會所作為一個多功能的生活平台，深圳 31 設計充分考量了住戶日常的多樣需求，設計了包括雪茄吧、私宴廳、瑜伽室、健身房與泳池等多功能設施。這些設施不僅具備美感與舒適性，更可以根據住戶需求進行靈活調整，滿足不同場景與活動的使用需求。

私宴廳 270 度的玻璃幕牆將戶外景觀一覽無遺，形成如流動盛宴般的視覺饗宴，當杯盞交錯時，空間與自然交融；瑜伽與健身區則讓住戶的身心在運動後重回寧靜，享受內心的自在與舒適；泳池區宛如一座藝術館，天花板設計精緻典雅，泳道盡頭的景泰藍奢石背景牆則以海派建築的元素為靈感，呈現出現代摩登的低調奢華氛圍。

2. **高挑結構與通透空間模糊邊界** 視野開闊的高挑結構讓空間通透成為另一亮點，不受局限地向外延伸，模糊的空間邊界。

3. **優雅弧線與折線共塑秩序與動態美** 弧線與折線的優雅結合,營造出秩序與動態美,亦帶出空間的優雅與穩重。4. **當代手法讓樓梯顯得優雅** 藝術樓梯運用精巧簡約的當代設計,以海派弧形金屬線條和質感藝術玻璃相結合,勾勒出優雅時尚的姿態。5. **以設計展現生活細節,賦予住戶更好的體驗** 會所裡的每一隅承載著無限的空間想像,同時也蘊含著深圳 31 設計對生活細節的精緻打磨。6. **自然景致連結室內外關係** 私宴廳以 270 度的玻璃幕牆與室外景觀銜接,使內部空間與外部環境自然過渡。7. **優雅色彩和細膩質感替洽談區添品味** 洽談區將非凡品味轉化為舒適的洽談體驗,優雅而永恆的色彩搭配與細膩的質感相得益彰,共同呈現出靜謐而深邃的美感。8. **色彩、肌理與質感共同展現空間情緒** 海派元素以細節隱喻,自然綠意為空間增添調味,創造出富有變化的氛圍。

5		
3	6	7
4		8

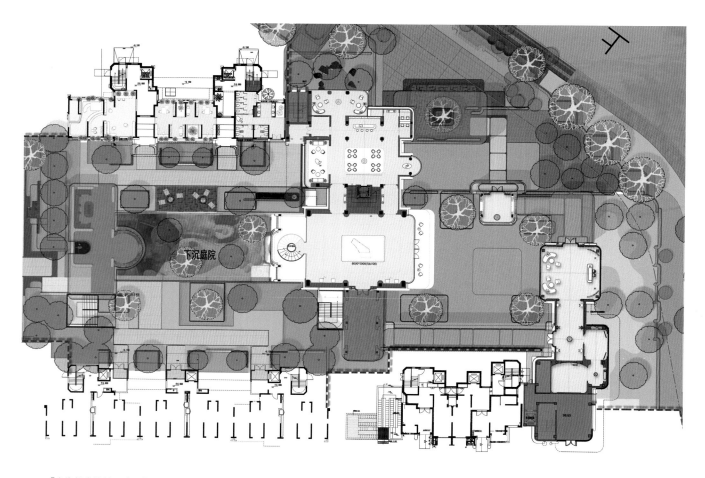

「上海招商臻境」除了作為銷售中心的功能外，亦作為未來
居民生活配套設施的長期使用，空間布局除了展售需要的展
示、洽談區，亦規劃了包括會所、休息區、雪茄吧、泳池、
瑜伽室以及健身房等區域。

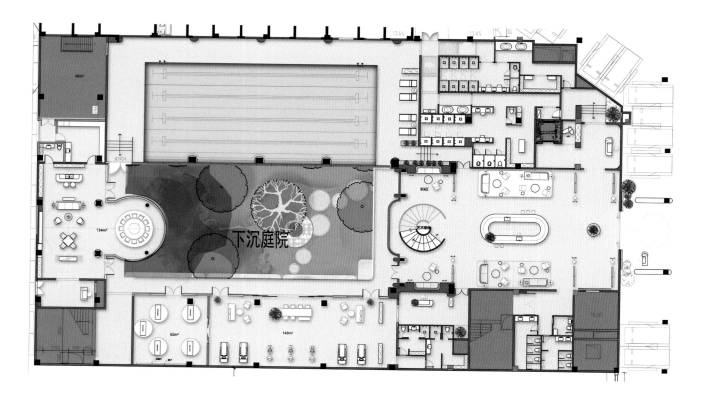

下沉庭院

Design Data

設計師：黃濤（圖左）、李志宏（圖右）

設計公司：深圳 31 設計

網站：sz31design.com

Project Data

接待中心名稱：上海招商臻境

地點：大陸·上海

坪數：2,881㎡（約 871.5 坪）

格局：接待區、洽談區、會所、休息區、雪茄吧、泳池、瑜伽室、健身房

建材：石材、磚材、金屬、玻璃

9. **材質與元素營造出低調奢華氛圍** 藝術館般的泳池天花，以景泰藍奢石背景牆結合海派建築的造型元素，共同打造出現代摩登的低調奢華氛圍。10. **寧靜又舒適的運用空間** 大面積落地窗和鏡面設計使室內空間與下沉庭院深度融合，讓住戶在活動中重新找回寧靜與自在。

9 | 10

雍雋品
以樹海為靈感，構築自然寫意日常

「雍雋品」接待中心鄰近台北植物園，設計融入植物園意象，強調與自然的連結。純白的建築外觀，營造出明亮的空間感，運用開窗與景觀元素，創造出舒適又充滿自然光的環境。「雍雋品」已完銷，接待中心暫不拆除，將保留一段時間，持續經營地方並深化與在地的連結。

外接待模式 設計心法

1. 以面前綠意為靈感，讓建築與自然共生。
2. 調整樓層功能布局，提升客戶好的體驗。
3. 策略性開窗引入光和綠，營造舒適空間。

| 1 | 2 |

1.2. 透過接待中心傳遞未來生活願景
接待中心外部景觀設計追求簡約，利用行道樹的綠意連結植物園氛圍，傳達與自然共生的生活理念，描繪未來生活的藍圖。

文｜余佩樺　圖片暨資料提供｜智在設計　攝影｜原間影像朱逸文

由於「雍雋品」建案基地因開工時程的考量而無法在原址搭建接待中心，為了解決這一問題，建設公司積極在基地附近尋找其他可用空間，以滿足銷售需求。智在設計主持建築師康智凱表示，「雍雋品」基地位於台北市中正區南海路與三元街交匯處，坐擁鄰近植物園的優越地理位置。為了進一步突顯其與自然的緊密連接，特別選在和平西路上的一塊空地搭建接待中心，強調與植物園的鄰近性，使住戶能夠享受大自然的靜謐與綠意盎然的景觀，同時提升整體居住品質，並強化產品在市場上的吸引力。

樓層布局優化接待中心的銷售體驗

在設計過程中，康智凱將植物園的質感作為核心元素，運用與植物和自然相似的設計語言來傳達這一質感；同時，他也希望在接待中心營造出類美術館氛圍，以明亮的色調作為媒介，與「雋品」相呼應。最終，接待中心的建築形態賦予了其表現性。儘管實際設計為兩層樓，但外觀效果卻呈現出三層樓的視覺感受。在有限的基地內，透過比例與堆疊的巧妙結合，使空間在視覺上顯得更加豐富，利用錯位的手法，進一步增強了量體層次與內外關係。

室內布局方面，由於接待中心周圍的環境不盡理想，除了正面景觀，其他三面大多是老舊建築的背面或雜亂的景致，這種視覺不和諧可能影響客戶體驗。因此，康智凱打破了既定的樓層安排，將模型展示區和樣品屋設於一樓，而洽談區、VIP 區及吧檯等多功能區域則安排在二樓。他解釋：「將洽談區移至二樓前端，以利用最佳的景觀視野，從而避免客戶感受到不舒適的環境。這一策略不僅提升了洽談區的品質，還有效掩蓋了周邊的負面影響，同時也有效地控制整體預算。」由於，洽談區是購屋客逗留時間最長的區域，康智凱將二樓設定為主要交流空間。刻意控制洽談桌的數量，既保持了區域的緊湊感，又避免了擁擠，營造出舒適的交流氛圍。至於，VIP 區域，為了保持其開放感，特別設計了一道可以拉開的沙簾，方便在需要隱私時使用，但無需隱私時，又能借景給予更內層的空間。

借助開窗與和植栽，營造出舒適的洽談環境

正因「雍雋品」緊鄰馬路的關係，在設計過程中，康智凱也意識到沿街空間常常面臨噪音和視覺干擾，因此特別進行了有效的隔音處理。由於接待中心四周均為老舊房子，雜亂景象常常令人感到不適，為避免這種尷尬，他也決定在主要街道面開窗，而其他三面儘量不設窗戶。有計畫性的開窗，進而製造出「框景」效果，以確保每個空間都能共用這一美好環境；另一方面，為了保持空間的平衡，也在環境中融入了植栽元素，既可修飾視線，又能遮掩不理想的景觀。開窗，除了替室內帶入美好綠意景觀外，另一項優勢則是可以引光入室，部分區域依靠天井的採光，為室內帶來良好的光線，有些區域則適度運用像是磨砂玻璃作為介質，儘量避免與外部視線的直接接觸，同時又能確保適量的自然光進入，以維持整體空間的舒適感。

「雍雋品」雖已全數售罄，接待中心並未立即拆除，預計再保留一段時間，以持續經營在地區域、深化與當地居民的聯繫，進一步強化品牌信任感，推動附近都更個案的整合與進行。

3. **將綠意景觀融入空間之中**　在設計過程中，設計師巧妙地挖掘了周圍空間的潛力，將二樓順勢轉化為主要的交流區域，整個環境彌漫著自然氣息，仿佛與旁邊的樹海融為一體。4. **優化空間以提升客戶體驗**　為了提升服務體驗，康智凱將吧檯打造成一個融合咖啡服務的溫馨區域，不再僅僅是功能性的空間，而是為客戶提供一個愉悅與舒適的交流環境。5. **開窗讓空間布滿自然詩意**　兩層樓的空間裡，設計師有計畫性地開窗，讓室內沐浴在溫暖的天光之下，賦予空間一種自然的靈動與詩意，另一項獨特魅力，則是讓環境浸潤在美麗的綠意景觀中。6. **打造一個既宜人又舒適的洽談空間**　洽談區被巧妙地安置在二樓的前端，以便充分捕捉最佳的景觀視野，既提升了空間的美感，也讓客戶在交流中遠離不適的環境，享受更為舒適的洽談體驗。

3	
4	
5	6

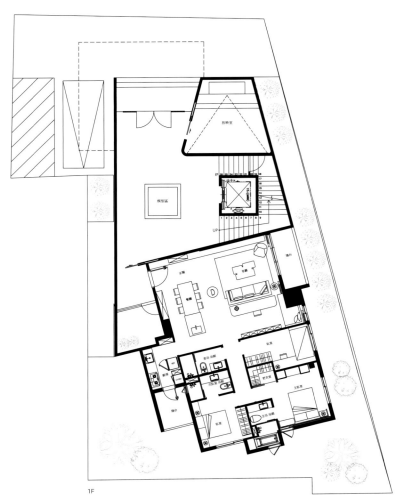

1F

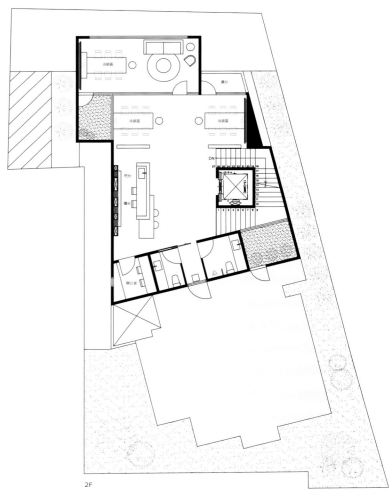

2F

一樓專為模型展示區和樣品屋而設，營造出直觀的展示
體驗；洽談區、VIP 區及吧檯區安排在二樓，有助於洽
談時的互動與交流。

Design Data

設計師：康智凱

設計公司：智在設計

臉書：www.facebook.com/profile.php?id=61555544135484

Project Data

接待中心名稱：雍雋品

地點：台灣‧台北市

坪數：380 ㎡（約 115 坪）

格局：1F：模型展示區、樣品屋；2F：洽談區、VIP 區、吧檯區、廁所

建材：金屬、玻璃、木皮、塗料

7. 一樓的功能定位為主要展示區 重新梳理環境後，將一樓設定為主要展示區，揭露了住宅環境特色、建築工法和團隊介紹，並設有模型展示區，以有效向購房者傳達重要資訊。**8. 滿足客群定位的格局配置** 產品定位為區域客戶，坪數規劃主要以中大坪為主。在格局設計上，除了客廳和餐廳之外，還特別規劃了熱炒區和輕食區。臥房方面則採用雙套房的形式，配備三間衛浴，大幅提升了空間的功能性。

7 | 8

十六本木
延續美術館概念，展現未來居住氛圍

為了大幅提升銷售品質，「十六本木」將接待中心設置於未來居住基地旁，不僅讓消費者能親身體驗即將入住的生活環境，更能即時掌握建設進度，除此之外還能增進與在地社區的連結，並進一步強化品牌的信任感。「十六本木」外接待中心，外部環境串聯鬧區與綠意的療癒環境，透過俐落且不規則的外觀，詮釋出都會美術館的意象，延伸出美學靈感的居所趨勢。室內引景入室，規劃通透的接待區、弧形吧檯、模型展示區到樣品屋，由內到外堆疊出未來居住空間實際感受。

外接待模式 設計心法

1. 簡約線條堆疊建築外觀，呼應日系美學。
2. 引景入室、通透空間感，展現低調高質感。
3. 銷售動線搭配照明手法，體現沉浸式氛圍。

文｜林琬真　圖片暨資料提供｜艾馬室內裝修設計　攝影｜華晨國際 蔡耀逸

1
2

1. 傳遞規矩且靈活的日系美學精神 外部環境降低遮蔽物，達到開放的舒適環境；建築體以不規則線條堆疊，體現靈活及變化日系美學。**2. 通透的半開放接待區** 落地窗引景入室，結合通透玻璃隔間手法，提升空間明亮與舒適度且兼具隱私性。

當最終居住基地與接待中心位置不同時，通常是基於多方面的考量。常見的一個原因是居住基地可能正處於施工階段，為了確保安全，開發商通常會在鄰近未來居住基地的區域設立接待中心。這樣，消費者不僅能親臨未來居住環境，還能觀察房屋的興建進度不立即拆除的形式，同時增進與在地社區的連結，並進一步強化品牌的信任感。至於接待中心內部則透過具體的空間設計，展現建商或設計師的未來設計理念與趨勢，讓消費者對未來居住空間的完整性與氛圍有更清晰的掌握。

設計擷取美術館的美學氣息

此案名稱為「十六本木」，取自日本精神，傳遞出純淨、規矩的特質。整體設計艾馬室內裝修設計設計總監王惠婷以「城市美術館」為靈感，建築外觀與立面通過不規則造型的堆疊，在簡約中融入靈動的品牌風格。這種設計語言不僅彰顯了理性的秩序感，同時注入了靈活且富有生命力的視覺美感，為空間增添了獨特的都市韻味。門口的櫥窗以內斂的布局手法呈現，唯一的對外窗選用了黑玻設計，營造出穿而不透的隱約視覺效果，巧妙引發路過行人的好奇心，激發他們想一探究竟的慾望。由於建築基地位於西曬方位，減少開窗面積不僅增強了空間的隱秘感，還有效降低陽光直射，達到節能減碳的效果，充分體現了綠色設計理念的巧思與實用性。

為傳遞日本大和民族的謙卑精神，以二進式的動線規劃，先欣賞戶外美麗景緻，再走進室內品味空間故事；室內引援戶外景緻，規劃挑高六米天花，創造寬敞、開放的通透感空間；為了打造沉浸式的美學體驗，在空間裡走動都能非常放鬆、舒適，整體空間以白色為基底、搭配灰色局部點綴，提升空間的安定度；特別是選用義大利塗料，透過不同光源的折射，展現暈開或手作痕跡的多元味道，傳遞日本職人精神。再搭佐間接照明的燈光輔助，利用單點投射、聚焦型式以及遠近的照明技巧，提升空間的舒適氛圍與具故事性的敘事環境，像是訴說建設公司歷史的光牆，利用傾斜 30 度堆疊的光牆手法，陳列公司歷年創作，被設計的歷史氛圍包圍著；弧形吧檯上下兩處融入間接照明，流露視覺層次力道；介紹建材的模型展示區裡，天花板利用圓形光圈安排，實現沉浸式的空間體驗。

動線導引與設計緊扣

動線安排上，王惠婷牽動著消費者對於未來居住空間的期待，一進入室內空間，專業人員會引導客戶到半開放接待區，了解室內裝潢的需求；通透的玻璃屏風，及落地窗導引戶外自然風光，兼具隱私性且讓人頓時放下戒心；如果是需要高度隱私性及提升洽談品質，可到右側VIP 的獨立包廂區，享有更舒適空間品質。接著到櫃檯旁了解基地模型，再繞到弧形量體吧檯後方的過道上，了解建商的設計歷史，強化對設計的印象與認同感。再到模型展示區，藉由中央圓形吧檯展示基地模型，解析未來居住環境概況，並利用大螢幕影音呈現未來建案的設計趨勢。模型展示區右側規劃大小坪數的樣品屋，透過精緻感的設計細節，讓消費者能夠親身感受未來居家空間的魅力。

3. **獨立包廂 VIP 室**　曲面的白色烤漆牆延伸至天花板，搭配木紋曲面向上蔓延，挹注溫馨感並展現層次空間感。4. **模型展示區**　利用大螢幕的影音簡報，呈現未來建案趨勢；中央圓形吧檯秀出基地模型，解析居住環境概況。5. **局部灰色調增添安定性**　透過白色基底，灰色義大利塗料點綴，營造出低調、內斂的手作職人精神。

3
4	5

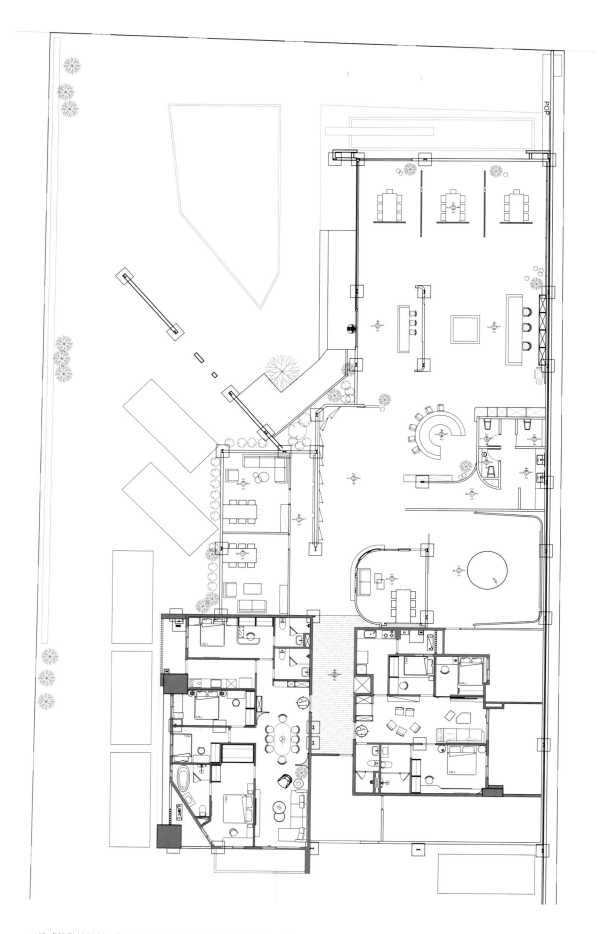

二進式的動線規劃，先欣賞戶外美麗景緻，再走進室依序進入半開放接待區，了解室內裝潢的需求，
櫃檯旁了解基地模型與建商的品牌歷史，再到模型展示區，解析未來居住環境概況。模型展示區右側
為樣品屋，藉由精緻感的設計細節，讓購屋者能夠親身感受未來居家空間的魅力。

待區、半開放洽談區、VIP 室、建
、模型展示區

大利塗料、進口地磚、金屬、木材

深淺層次手法堆疊，下方則以直向線條、

VISION

從視角、細節，打開設計維度

IDEA —— 樣品屋／實品屋微型化設計

房價持續上漲，建商不得以縮小住宅坪數，確保總價能維持在大多數消費者可承受的範圍內。再加上當前公設比高的現況，面對住宅坪數走向微型化，為了在有限的空間中滿足多房需求，設計師和建商力求在有限的坪數內實現更多房間數量及功能區分，進而提升居住的舒適性與實用性。本單元介紹國內設計師的樣品屋與實品屋作品，並以單層、室內 15 ～ 30 坪為主軸，從「產品定位」、「設計理念」、「格局規劃」、「動線尺度」、「機能配置」等面向，解析樣品屋的微型化設計。

DETAIL —— 公設設計下的美學演繹

公設設計通常指住宅建築中的公共設施和共用空間的規劃，涵蓋大廳、走廊、電梯間等公共區域，以及健身房、會議室、洗衣房、休息室等共用功能空間。此外，還包括與社區生活緊密相關的設施，如遊樂場、活動室等。此次蒐羅的台灣接待大廳設計作品，著眼於「平面動線」、「空間尺度」、「機能配置」、「材質運用」及「燈光設計」等面向，從細節中展現美學的獨特演繹。這些設計不僅實現功能性的需求，亦透過材質與光影的變化，塑造出符合社區氣質的公共空間美學。

文｜林琬真　資料暨圖片提供｜禾邸設計 Hoddi Design　攝影｜墨田工作室 吳啟民

開放格局整合機能，展現樣品屋的機能美學與生活質感

買房是人生一大事，樣品屋則是展現未來居住空間最直接的形式。禾邸設計 Hoddi Design 這回在兩間的樣品屋設計上，利用開放格局、通透的玻璃隔間，並以收納劃分場域，創造出兼具機能與舒適度的空間質感。

IDEA

Project Data

地產項目案名：璞永建設璞松高

座落地點：台灣・台北

坪數：A2 戶 27.41 坪（產權）、A6 戶是 36.15 坪（產權）

格局：A2 戶：客廳、餐廳、廚房、主臥、次臥、更衣室、客用衛浴、主臥衛浴；A6 戶：客廳、餐廳、廚房、主臥、次臥、主臥衛浴、客用衛浴

建材：石皮、石材、磁磚、木皮、木地板、鐵件、特殊漆

Designer Data

設計師：林之豐

設計公司：禾邸設計 Hoddi Design

網站：www.idhoddi.com

1 **1. 整併機能擴大空間感**　電視牆不置頂並採騰空漂浮設計，側邊延伸餐桌，放大空間並整併機能。

當前缺工缺料的現象，不只使得裝潢成本節節高升，同時也影響著未來住宅的趨勢。善用活動家具，不僅能提升視覺層次與趣味性，還具備高度的靈活性，讓居民在換房時也能將家具帶走，實現重複利用的環保理念。此外，隨著台灣住宅空間日趨微型化，設計的挑戰在於如何運用巧妙手法，消弭有限空間與框架式設計所帶來的局限，並同時滿足生活所需的功能性。在這樣的設計理念下，禾邸設計 Hoddi Design 這次打造了兩間位於都市精華地段的樣品屋，實踐了兼具空間舒適度與功能性的質感生活空間，為未來的居住型態提供了新方向。

讓藝術美學成為空間敘事的核心

第一案型（A2 戶）為產權 27.41 坪的單身宅，規劃 1+1 房的格局，空間設計風格走後現代主義路線，將藝術美學融入空間敘事。設計師以白色作為基底，並從量力學中的藍、紅光概念獲取靈感，運用藍、紅色的軟件點綴局部空間，營造出細膩而大膽的色彩對比。

這一案型延續了荷蘭風格派設計師赫里特‧里特費爾德的紅藍椅設計理念，紅色椅背的線條向上延伸至天花板，形成強烈的視覺焦點，並構築出公私領域之間的空間軸線，象徵著時代的變遷與更迭。天花板上點綴了幾何線條板材，呼應後現代主義的古典韻味，同時無置頂量體設計讓天花板自然區隔出不同場域，保持視覺的連續性。電視牆下方以鏤空設計呈現出漂浮感，搭配火爐意象，增添溫暖的居家氛圍，並進一步放大了整體空間感。動線規劃上，透過垂直與水平軸線的運用，讓空間能最大化被利用。電視牆作為空間的定位核心，劃分了客廳與起居室，其左側延伸為餐桌區，右側則整併了衣櫃，背面轉化為備餐櫃，功能銜接場域之間的同時，也拉出了順暢的行走動線。

空間的劃分主要透過收納櫃體完成，主臥與起居室之間使用藍色的雙面機能櫃作為界定，實現了兩個空間的融合。即使移除櫃體，也能選擇通透的玻璃拉門，形成回字型的流暢動線，進一步提升空間靈活性與連貫性。

2.3. **紅色椅背延伸至天花** 延伸紅藍椅的藝術概念，延伸椅背到天花板來創造空間主軸。4. **兼具場域劃分與機能整併** 電視牆延伸餐桌，整併機能且拉出側邊走道，提升空間坪效。5. **雙面機能櫃隱喻場域功能** 利用藍色櫃體界定兩間臥室空間，調整為玻璃拉門設計，則形成回字型動線。

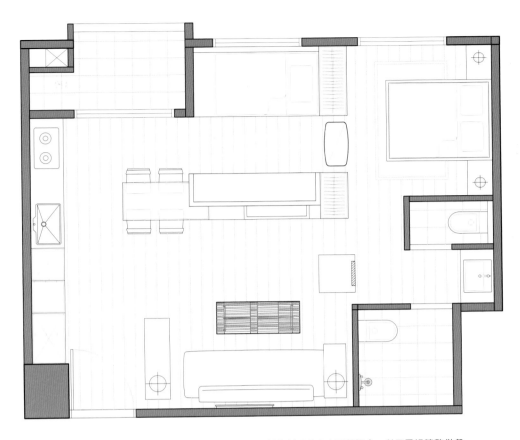

動線規劃上利用垂直水平軸概念，利用電視牆整併餐桌、紅色椅背、藍色櫃體串聯場域功能，讓空間能夠大幅被運用。

賦予居住者更靈活且舒適的生活體驗

第二案型（A6 戶）的設計，強調空間的靈活性與視覺開闊感。產權是 36.15 坪，居住客群主要是因學區或工作便利而購屋的小家庭，設計風格以黑白色調為基礎，展現出都會現代的質感。玄關處設置了一道具展示功能的端景牆，進門便可感受到空間的精心規劃。電視牆與餐廳主牆均選用石皮，搭配自然、粗獷的材質元素，使得這個時尚的現代空間多了些人文色彩。

空間格局上採用了開放式的 2＋1 房設計，捨棄了傳統封閉的書房功能，避免空間過於壅塞，營造出更為寬敞的感受。客廳中的雙向機能沙發，既能劃分客廳與次臥的空間，又能提升舒適性，成為公領域的核心設施。天花板的流明設計從公領域一直延伸到私領域，透過光線的引導，讓空間視覺上更加延展，增強放大的效果。櫃體設計不僅具備收納功能，還取代了傳統封閉的隔間牆，使得空間更為通透，視覺延伸感倍增。後方的沙發區與臥室之間設置了置頂的開放式櫃體，既能作為展示空間，又打破了私領域的封閉設計。餐廳區域的兩側以牆面包覆，形成了一個靜謐且舒適的用餐環境。主臥位於空間的最深處，廊道兩側運用了玻璃隔間與開放櫃體，既引導了動線，又縮短了不同場域間的距離，整體設計實現了機能性與視覺美感的巧妙融合。

6. **雙面沙發環繞公領域**　強化乘坐需求的雙面沙發功能，強化公領域核心同時串聯場域機能。7. **黑白色調延伸出都會現代質感**　設計風格以黑白色調為基礎，並延伸出簡約且洗鍊的都會現代質感，透過細膩的材質搭配與燈光層次，展現出優雅且具時尚感的氛圍。8.9. **廊道兩側以開放櫃體展示**　廊道不長，透過玻璃隔間櫃體手法，創造延長走道動線。

6

7　　8　　9

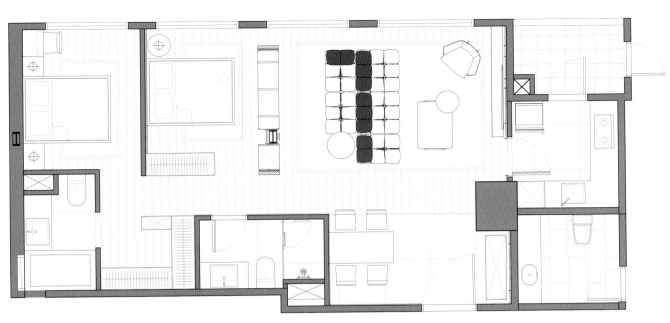

開放空間打造 2+1 房的格局,利用開放櫃體、雙面沙發
機能,延續場域機能。

文｜余佩樺　資料暨圖片提供｜行舍空間事務所　攝影｜Weimax Studio 崴米鍶空間攝影

限制中尋求適當平衡、華麗中融入內斂韻味

隨著公設比逐漸攀升，樣品屋的實際可用空間也持續縮減。對設計師而言，如何在有限的空間內達到機能與美感的平衡，成為一大挑戰。這座位於台中的樣品屋，實際室內空間約 23 ～ 24 坪，行舍空間事務所在緊湊格局中成功實現了三房配置，透過內斂且富有人文氣息的設計語彙，優雅詮釋出華麗感，營造出兼具實用性與美感的舒適居住環境。

Project Data

地產項目案名：暮黎
座落地點：台灣・台中
坪數：室內約 23 ～ 24 坪
格局：客廳、餐廳、廚房、主臥、
次臥 ×2、主衛、客浴
建材：胡桃木、石材、金屬、玻璃

IDEA

Designer Data

設計師：曾勇傑
設計公司：行舍空間事務所
IG：https://www.instagram.
com/instay1005/

1. **同軸布局，提升空間深度與動線便利** 客廳、餐廳與廚房沿同一軸線布局，不僅使動線更加便
捷，並擴展了空間的縱深感與面積。

1

行舍空間事務所主持設計師曾勇傑談到，此建案位於台中，就當前台中房地產市場中，三房產品依然是消費者青睞的主流選擇之一，因為對於許多中小家庭而言，三房不僅能夠滿足日常起居的基本需求，更提供了靈活的生活空間。此樣品屋銷售坪數為 35 坪，室內實際使用空間則落在 23 ～ 24 坪之間，除了得在有限坪數下維持三房形式並實現最大的使用效能外，空間的另一項設計重點則是放在如何有效地整合生活需求與流暢動線，為住戶創造一個既便利又舒適的居住環境。

有秩序安排公私領域，現代優雅詮釋華麗風格

在格局固定的前提下，首先需要明確劃分公私領域，以確保空間的有效利用和功能性。客廳、餐廳和廚房位於同一側，構成主要的公共區域。客廳和餐廳採用開放式設計，展現靈活布局，不僅成為家庭日常互動的核心區域，還能確保動線流暢。私領域由主、次臥與衛浴相連構成，在主臥和次臥的配置上，依據原有窗戶位置進行設計，確保房間更加明亮和通透，提高居住舒適性；此外，每間臥房內均設有充足的收納空間，能夠輕鬆容納住戶的衣物和日常用品，滿足生活需求。

在設計風格上，曾勇傑延續了該建設公司品牌一貫的華麗風格，並融合了內斂且富有文化底蘊的手法，使華麗呈現得更加現代優雅。沉穩的胡桃木和大花白石材作為主軸，這些材料的自然紋理與質地不僅增添了視覺層次感，也提升了空間的質感。為了展現華麗中的優雅，適度融入金屬和鏡面材質，金屬元素為經典材料注入現代感，而鏡面材質則增強了空間的開闊感和延伸性。

2. **靈活運用設計策略，最大化空間效能與舒適體驗** 櫃體不落地設計，以及鏡面材質的運用，不僅提升了空間的效能，還增強了居住的舒適感。3. **T 字型走道優化空間連接與動線流暢性** 公私機能配置完後，進而造就出 T 字狀的走道設計，優化了動線的流暢性，使各功能區域之間的連接更加自然和便捷。4. **材質交融，展現人文華麗之美** 沉穩的胡桃木與大花白石材共同詮釋華麗感，這些材料的自然紋理和質地不僅增強了視覺層次感，還顯著地提升了空間的整體質感。

2 3

4

善用不同設計策略，以提升空間感和通透性

隨著樣品屋的實際可用坪數逐漸減少，為了避免在加入各種機能後空間顯得過於狹小或視覺上過於沉重，曾勇傑採取了幾種設計策略以提升空間的通透感和輕盈性。首先，大量使用透明材質，如玻璃，不僅增強了空間的通透性，還能在有限的坪數內創造更多的深度感和寬敞感；其次，運用不到頂的設計手法，例如隔牆不做到頂或留縫，能夠在不增加壓迫感的前提下創造出美觀的效果；最後，是善加運用懸浮設計，他在空間中採用了懸浮櫃體，不僅滿足了收納功能，還使各個小環境視覺上更為輕盈，有效擴大了空間感。

樣品屋為人們提供了住宅設計的藍圖，展示出理想生活空間的實現方式。然而，隨著現代生活方式的不斷演變，曾勇傑亦考慮到住戶對於空間靈活性的需求。因此，在設計中他做了些許的留白，一方面想藉由「釋放」讓空間擁有更大的輕盈與舒適外，另一方面則是讓未來的住戶能夠依照自身的生活習慣靈活調整布局，無論是收納方式的呈現、房間機能的增添等，都能為居住者提供更多可能性。

5. **材質對比提升空間細緻度**　金屬元素的點綴帶來了現代感，同時與其他材質形成巧妙對比，讓整體空間看起來更加精緻且充滿張力，為空間注入了獨特的個性與品味。6. **收納巧安排，讓有限空間充分發揮效能**　設計者在有限空間中適當地規劃了收納方案，確保每一寸空間都得到有效利用。7. **運用照明突顯空間細節與魅力**　透過照明設計，充分提升空間使用體驗與美學，讓每個角落都有其細節與魅力。8.9. **順應既有格局安放各式機能**主臥鄰近其中一間衛浴，順勢在這樣的格局下，安放臥鋪、化妝檯、衣櫃等，讓空間功能更為完善與高效。

5

6

7　　8　9

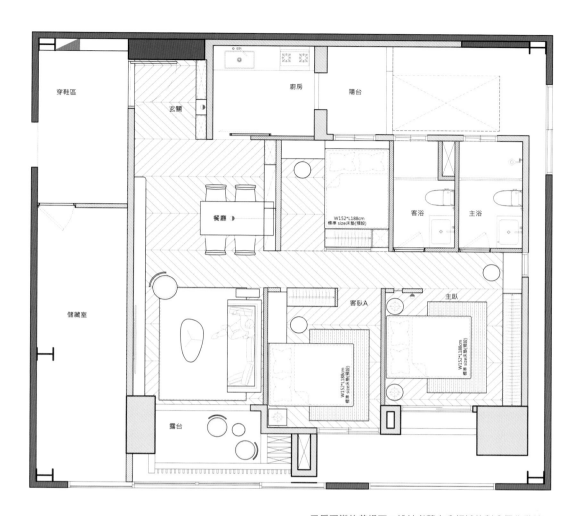

穿鞋區

玄關

廚房

陽台

餐廳

客浴

主浴

W152*L188cm
標準 size沙墊(預設)

儲藏室

客臥A

主臥

W152*L188cm
標準 size床墊(預設)

W152*L188cm
標準 size床墊(預設)

露台

三房不變的前提下，設計者藉由公領域的劃分優化動線，
不僅提升了空間的流暢性，也使各功能區域更具實用性。

文｜Joyce　資料暨圖片提供｜拾集設計　攝影｜鄭鼎

連結在地元素挑戰可住空間

本案座落於桃園青埔，亦是該建商首次踏入青埔之作，拾集設計企圖翻轉桃園豪宅固有的歐式古典設計風格，自公設至樣品屋皆融入在地元素，以清新質樸的風格與年輕族群連結，同時挑戰在保留建商隔間牆的前提下，讓樣品屋設計落實成實際可生活空間。

Project Data

地產項目案名：桃大建設桃大允

座落地點：台灣．桃園青埔

坪數：95.5 ㎡（約 29 坪）

格局：客廳兼書房、餐廳、廚房、
主臥、次臥 A、次臥 B、衛浴 ×2

建材：水磨石磁磚、木皮、金屬、
布、玻璃、紅磚

Designer Data

拾 設　Oct &
集 計　Associates

設計師：余軒甫、李弘康、劉一駿、
曾哲文、馬明傑

設計公司：拾集設計

IG：www.instagram.com/oct_
associates

IDEA

1. **寬敞公領域促進家人交流**　打開原本的加一間書房設定，與客廳、餐廳相連，放大家庭公領域空間，製造家人相處機會。

1

此建案目標客群為年輕夫婦小家庭，樣品屋為 30 坪空間，建商規劃成 3+1 房兩廳兩衛，拾集設計希望翻轉桃園豪宅設計多為歐式古典語彙風格的思維，連結台灣在地紅磚與青埔當地綠意元素，從公設使用石材紋路象徵著附近溪流，到整棟建築外觀以不同的線條增加活潑感，以及樣品屋使用大量木材等自然材質，創造出清新質樸的感覺，以符合年輕家庭品味。

自然材質紋理打造簡單舒服生活空間

拾集設計設計師劉一駿表示，樣品屋使用的材質盡量簡化並減少二次加工，以木皮、布面本身紋理作為裝飾面，讓空間看起來簡單舒服，因為房屋是承載生活的容器，當空間盡量簡單舒服，越能彰顯生活日常的精彩。

格局上，業主希望樣品屋能按照平面圖格局規劃，不要做太大變動，劉一駿表示，「有時候拿到住宅委託案，不免要移動一些牆面去成就空間完整性，這次我們在完全不動的框架下，達到了想呈現的效果，除了讓空間看起來舒服，也希望這樣的規劃能變成實品屋，成為一個能真正生活在其中的空間。」

一般格局 3+1 房的規劃，除了三間臥室，「加 1 房」的部分多設計成玻璃隔間的書房與客廳相望，拾集設計把「加 1 房」完全打開，仍保有書房功能，以書桌搭配背後的書架做延伸，連結原本的客廳位置，一起使用整個空間，放大家庭公領域。「很多建案的客廳設計深度都不足三米，當擺上沙發、茶几與電視，幾乎沒有走道的空間。而且現在多數人回家還是一直滑手機、追劇，我們沒辦法改變這種行為，但透過空間佈置，讓相聚的地方更豐富，而個人房間滿足基本睡覺與隱私需求就好，盡量製造在公共空間交流的機會。」

2. **打開＋1 房使用機能放大公共空間**　以書桌搭配身後的書架點出功能性，讓客廳同時能有兩種不同使用功能。3. **玻璃櫃體打開光線通道**　以玻璃打造櫃體隔開玄關與客餐廳，創造視線穿透感也能讓玄關不會顯得陰暗。4. **天然材質紋理創造質樸清新風格**　使用布面與木皮等天然材質紋理，創造空間活潑感。

2	3
4	

降低房間衣櫥量體感，打造空間複合功能

廚房也以中島的使用方式來打開空間，「若是一個關起來的廚房，空間在使用上會受到一些限制，在居家空間坪數越來越緊縮的狀況下，空間可以發展出更多不同的複合功能。」例如餐桌除了吃飯，也能成為小孩寫功課的地方，爸媽可以在旁邊做自己的事情，假日時則成為朋友來訪相聚的地方，因此越來越多家庭，生活重心從客廳轉成在餐廳。這次樣品屋將客廳、餐廳、廚房與書房融合成一個大空間，當家庭成員各自做事時，還是會在同一個空間中，製造更多相處的機會。

主臥與次臥，利用設計手法把量體最大的衣櫥輕巧化，像是把主臥的頂天衣櫥裝上玻璃門片，就不會讓空間顯得壓迫。兒子房的衣櫥直接做成開放式層板加吊掛衣桿，女兒房的衣櫥門片則是貼上布面材質，讓衣櫥變得有畫面感，都能降低逼仄感。入門玄關處地板，以片開的紅磚進行垂直水平組合，與桃園地方的純樸感做連結，搭配刻意做成家具感的鞋櫃與木皮天花，製造出不一樣的玄關。

5. **以紅磚連結在地元素**　玄關以紅磚交疊，並以木皮包住牆面天花，搭配家具感鞋櫃，創造出不一樣的玄關感。
6. **以清新質樸風格詮釋歐式古典**　將固有的歐式古典設計風格，以清新質樸的風格重新詮釋，成功和年輕族群產生共鳴。7. **開放層架降低衣櫃壓迫感**　兒子房衣櫥以開放式層板搭配吊掛衣桿，降低量體感。8. **利用門片製造畫面風景**　女兒房的衣櫥門片以布面包裹創造出畫面感，減少衣櫃壓迫感。

5

6　　7　　8

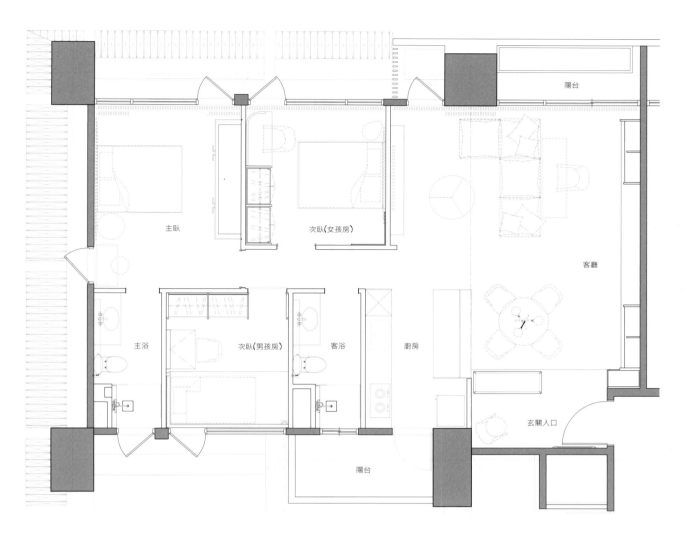

主臥

次臥(女孩房)

客廳

陽台

主浴

次臥(男孩房)

客浴

廚房

玄關入口

陽台

格局上盡量放大家庭公領域空間，讓客廳、餐廳與廚房連成一氣，
房間僅維持睡覺等基本隱私需求，創造家人共處機會。

文｜Joyce　資料暨圖片提供｜Atelier SUPERB 極製設計所　攝影｜丰宇影像 趙宇晨 Yu-Chen, Chao

立體呈現平面格局提供空間思考

位於雲林的「薇奢 W」是個銷售坪數從 25-35 坪左右的 100 戶社區建案，客層針對附近工業區與新興科技園區的年輕首購族與小家庭。由於室內坪數小，樣品屋在設計上維持空間的區隔但釋放視覺的穿透性，讓客戶參觀時能立刻連結到平面圖格局將之立體化，並提供一個改裝的想像空間。

Project Data

地產項目案名：薇奢 W

座落地點：台灣・雲林斗六

坪數：售坪 25 坪

格局：客廳、廚房、主臥、次臥、衛浴

建材：鋼構、木作、塗料、玻璃、窗簾、磁磚

IDEA

Designer Data

設計師：游麲、許茗晴、江翰、陳巧妮

設計公司：Atelier SUPERB 極製設計所

信箱：ateliersuperb@gmail.com

1

1. **核心空間思維轉換**　將傳統客廳電視作為家庭核心空間的思維轉換，以中島廚房結合餐桌整合機能來放大空間。

「薇奢 W」從建築、公設空間、接待中心，全部由 Atelier SUPERB 極製設計所規劃設計。Atelier SUPERB 極製設計所主持建築師游麹表示，這次樣品屋在設計上，除了能讓客戶馬上理解到平面圖格局，也希望表達出小坪數也能擁有舒適生活型態的開闊感，因此在格局上的隔間牆位置以空心磚牆代替，除可讓客戶不論站在室內任一角落都能立刻理解房間的層次關係，也可以讓銷售人員更容易解說格局規劃與機能設定，方便雙方輕鬆溝通相關細節。

以具視覺穿透性的區隔代替隔間牆，方便理解格局關係

游麹表示：「為了讓客戶在參觀時，無論站在哪個角度，都能清楚看到房子的整體面寬，直觀理解各房間的實際大小及相互連接關係。部分隔間牆嘗試以透明磚牆設計，並將吧檯隔間牆拿掉、縮短浴室與客廳之間的牆面，並創造一些垂直線性的開口，以打造通透性，強調空間布局。」在售坪 25 坪的空間裡要規劃出兩房、客餐廳、一廚一衛格局，游麹將傳統以電視牆為主的格局型態拿掉，改以中島廚房作為室內機能主體，以 L 型的吧檯餐桌圍繞中島，並納入另一房的書桌機能，並藉此做出隱形隔間界線，在去除視覺阻礙的同時，也能讓家庭公領域空間更開闊。

游麹說：「小坪數空間把好幾種機能空間疊加在一起，就會有放大空間的可能性。譬如將廚房結合吧檯、再連結到客廳空間及餐桌機能，並藉由納入書桌去隱形區隔出房間與客廳空間，整合走道空間作為機能使用的一部分，就能擴大整體的空間感。」

在這個格局中，打開的書房位置，除了能多工利用，也考慮到萬一小家庭客戶未來有小孩，這個空間也能作為兒童房使用。「這個樣品屋可以讓客戶達到家庭生活機能的想像，在這裡可以體驗得到未來用餐休憩狀態，也能理解一日生活動線運作，擁有很好的實感體驗。」

2.3. **透明磚牆標示隔間牆方便客戶理解**　以透明磚牆標示隔間牆位置，也方便客戶理解格局關係。4. **捨棄電視牆客廳思維改以中島為主**　拿掉傳統電視牆的核心空間思維，改以中島廚房作為家庭公領域主體。

2	3
4	

樣品屋示範改裝可能性，拓展新家想像

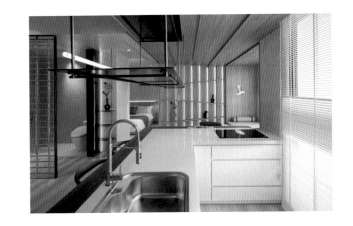

游麒表示，利用核心空間的轉變，捨棄電視為主的客廳思維，將廚房、餐廳與吧檯整合在一起，既可增加空間利用率，也能放大坪數效果。「以 1：1 的方式規劃，更細緻去掌握樣品屋的各種尺寸，也能讓客戶從體感上理解居住空間的尺度。」游麒希望透過樣品屋實際水電位置的各種機能配置，讓客戶更理解小空間的其他可能性，而不單純讓樣品屋成為買一個家的虛幻夢想。「我們用室內角度讓平面格局展開，同時也做一個可能性的示範，如果可以接受一些牆體使用空心磚去替代隔間牆，或是能接受中島結合書桌、臥榻的處理，客戶可以透過這樣的展示，去理解不同設計的生活樣貌。」

坪數微型化的建案愈來愈多，如何利用設計手法讓消費者跳脫空間框架的感受，游麒表示，在樣品屋設計上，尺寸的掌握需要更細緻處理，從梳妝檯、書桌到走道寬度，需兼顧實際使用跟呈現效果，讓居住空間的每個機能設計有更多考量。例如「薇奢 W」樣品屋的乾濕分離浴室，不僅僅區分機能，也是要把浴室走道空間與洗手檯機能合一，讓一個空間有兩種以上的機能，再善用玻璃磚這類型的透光材料，就可擴大空間尺度感受。

5. **將平面圖立體化便於理解空間關係** 樣品屋重在讓客戶可以容易理解平面圖的格局，如何實際呈現出相互的空間關係。6. **空間機能重複使用減少浪費** 將洗手檯機能與浴室走道結合，減少空間不必要浪費。7. **以中島做隱形界線打開一房** 將一房的隔間牆拿掉，利用中島延伸出書桌作為隱形界線，搭配臥榻放大使用空間。8. **小坪數機能尺寸需細心掌握** 小坪數住家仍須注意機能完備，不過在尺寸上需細心拿捏才不會造成空間逼仄。

5		
6	7	8

售坪 25 坪的空間需有兩房、兩廳、一廚一衛的基本家庭機能格局，Atelier SUPERB 極製設計所以中島結合廚房、餐桌、書桌等機能做為家庭公領域主體，將數個機能合併讓空間重複使用，放大室內感受。

文│April　資料暨圖片提供│維耕設計

賦予生活實感，灰色系個性實品屋

成家是許多人的夢想，實品屋是銷售體驗流程中的重要場域，如同放大版的模型，維耕設計打破常規，一改微型住宅多使用的溫潤色調，以低調的黑灰色系，搭配珊瑚橘的顏色點綴空間，為消費者創造另一個理想的住宅選項。

IDEA

Project Data

地產項目案名：曙暮敘境
座落地點：台灣・高雄
坪數：66 ㎡（室內約 20 坪）
格局：客廳、餐廳、廚房、主臥、
次臥、衛浴
建材：木皮、塗料、石材、裱布

Designer Data

設計師：林志龍、蘇楠凱、鄭鈺潔、
吳佩書
設計公司：維耕設計
網站：www.wellgaindesign.com

1. **突破常規，以灰色系基調鋪排空間** 實品屋空間以灰色系為基底，大膽結合珊瑚橘的立面，使空
間的層次更加鮮明，富有質感。

地產銷售在台灣各個區域，因消費族群的購買習慣、地理條件而產生差異。本案座落於高雄科工館綠園道第一排，使建案擁有永久綠帶的優勢，操刀實品屋空間設計的維耕設計總監林志龍指出，此建案鎖定的目標客群為具有穩定的經濟基礎，追求生活的品味與細節的族群。他將空間打造成一個反映內心生活的容器，以水墨與日出為靈感，利用讓人感到平穩內斂的灰色調錨定空間，同時突顯窗外綠樹與陽光，溫和介入室內所帶來的生機感。

不同於一般的微型住宅，多以白色、木色等元素為空間製造溫暖且寬敞的效果，設計團隊在硯灰的空間中，大膽融入珊瑚橘的顏色，分別出現在公私領域的立面之上，為空間帶來點綴的效果，同時也為小坪數空間注入溫暖與活力，如同陽光灑進空間中，讓人們在忙綠的生活中，得到撫慰與喘息的機會，同時也能在空間中歇息，並得到滋養。在公領域空間珊瑚橘以塗料的方式呈現，藉由材質本身的質感刻畫細節，為餐桌空間提供了獨特的背景，與深色木皮貼覆的電視牆互為對比，讓使用者可以更深刻地感受不同情境的轉換，同時呈現空間可以靜謐抑或充滿活力的面向。

虛實交織，使空間放大且平衡

實品屋的存在，等同大型的房屋模型，透過 1：1 的空間展示，讓消費者對於空間大小能有實際的感受。實品屋的空間同時也是為來賞屋的消費者創造一個實體的選項，並開啟消費者想像的空間，藉由消費體驗流程，從空屋過渡到已經裝修完畢的實品屋，能賦予消費者視覺感官的刺激，激活其對於未來生活的美好想像。

設計團隊分享，為了突顯建案本身的格局優勢，設計團隊以建商原始的格局展開設計，在不更動格局的前提之下，使用木作界定廚房與玄關的區域，廚房規劃出小家庭必備的電器櫃，使立面與木作牆切齊；動線由玄關串聯餐廳、客廳、工作區域等空間，與戶外的綠景相連，引景入內，使空間能與自然有更大程度的連結，開放式的設計，讓小坪數空間也能擁有開闊的場域感。私領域空間的主臥與次臥，配置上滿足常規的居住需求，主臥床頭延伸公領域的珊瑚橘，在此以裱布的方式呈現，以柔軟的材質，為寢居空間增添一絲放鬆的氣息，空間立面規劃為收納櫃體，可以滿足居住者日常的收納需求。實品屋設計必須整合建設公司、消費者兩端的期待，並且以設計專業展示夢想家的模板。設計團隊希望打造一個靜謐優雅的空間，讓居住者可以忘記外界的喧囂，能開啟與自我的對話。設計師透露，有看屋客人當下就表明，希望可以購買這間實品屋，對於設計者而言，能獲得這樣的反饋，正是設計工作迷人的所在之一。

2. **弧形牆面，界定公領域範疇** 玄關與公共空間的接壤處，設計師以弧形的立面設計電視牆，搭配黑色的木皮與塗料，利用材質與顏色、燈光勾勒空間的細節。3. **以珊瑚橘點亮灰色系空間** 空間中大膽採用珊瑚橘顏色的塗料，讓用餐空間的立面擁有獨特的背景，搭配燈光，使塗料的顏色與質感，為空間注入溫暖與活力。4. **以綠意串接公共空間** 公共領域以開放式的設計手法，將視線與動線串接戶外的窗景，同時整合餐廳客廳、工作區等領域。

```
2   3
    4
```

5. **以原始格局突顯商品優勢** 良好的格局規劃也是影響消費者決策的因素之一,透過實品屋展示原始格局配置的優勢,更能為產品加分。6. **開放式工作區域滿足生活機能** 公共空間以矮牆取代隔間,讓視覺能保有開闊的場域感,立面規劃為櫃體,補充小坪數空間的收納功能。7. **寢居空間營造放鬆氛圍** 私領域空間延續公領域的珊瑚橘色調,在床頭以裱布的材質呈現就寢空間柔軟放鬆的氛圍,使人連結未來居住的期待感。

5

6   7

Living room

Dining room

Entrance

Study room

Bathroom

Kitchen

+0 +10

Bedroom

M-Bedroom

Bathroom

設計團隊認為實品屋存在的意義，同時也是為消費者提供居住空間的想像，為展示建物原始格局的優點，在不動格局的前提下，讓公共區域與戶外景觀串聯，同時也讓滿足私領域的需求。

文｜李與真　資料暨圖片提供｜二三國際 23Design

流暢動線設計，開闊布局消除小戶限制

位於台北內湖的現代精品住宅，為住戶打造一處結合溫馨與尊榮感的生活空間。二三國際 23Design 設計總監張佑綸運用明亮色調與流暢曲線，巧妙解決小坪數的侷促問題，讓每一位住戶在都市中享受飯店般的體驗，提升居住品質。

IDEA

Project Data

地產項目案名：浮光掠影
座落地點：台灣・台北
坪數：權狀：26.7 坪、實內：15.37 坪
格局：客廳、餐廚、主臥、次臥、衛浴
建材：藝術塗料、系統櫃、磁磚

Designer Data

設計師：張佑綸 Jeffrey Chang、
馬焌容 Chun-Jung,Ma
設計公司：二三國際 23Design
網站：www.behance.net/5223
design

1. **設計展現機能，創造舒適居家** 　強調實用與美感揉合，使用曲線與明亮色調，創造出寬敞感，同
時融入多功能隱藏式系統櫃。

1

「浮光掠影」建案位於台北內湖，這個專案主打的是中高端的小坪數住宅。目標客群鎖定於當地科技園區的主管階層、年輕科技新貴及頂客族，這些住戶大多數年齡在 30 ～ 40 歲之間，正處於職業發展與家庭需求平衡的關鍵時期。他們期望住家能夠方便通勤，靠近工作場所，同時也能提供高品質的生活享受。因此，該專案不僅注重地理位置的優勢，還強調了居住環境的舒適性與便利性。

二三國際 23Design 選擇了現代簡約的風格，以明亮的白色與淺色調作為整體設計基調，藉此擴展視覺上的空間感。這樣的配色不僅提升室內的亮度，也讓場域顯得更加開闊。同時，避免傳統方正布局帶來的壓迫感。他們在室內設計中運用了流暢的曲線元素，讓視覺上更柔和，消除了小坪數住宅可能帶來的侷促感。

微型空間的突破，機能與美學的完美結合

在現代住宅設計中，小坪數的利用成為一個重要的課題，張佑綸以此案為例，展示了如何在小坪數住宅中實現機能與美學的完美平衡。該樣品屋權狀為 26.7 坪，室內實際僅 15.37 坪，空間配置上，強調「動線」的設計，特別考量了如何在有限的坪效內創造出「開闊感」。例如：利用地坪材質的變化來劃分不同的功能區域，讓住戶進入玄關時即感受到明確的空間區隔，這種設計不僅實用，也增加整體美感。

運用曲線天花板與隱藏式門片的規劃，這些元素在視覺上減少了角落的凌亂感，也有效消除視覺上的壓迫，使屋內的整體流動性大幅提升。不僅運用曲線來柔和空間邊界，還透過非對稱的布局來避免居家的單調感。例如，客廳與餐廳之間，設計了一個具備多功能的櫃體，這不僅作為電視櫃使用，也同時是餐桌的延伸，充分利用室內的每一寸。此外，設計團隊在家具配置上也花費心思，選擇具有節省空間效果的高腳椅和小型茶几，它們既滿足日常需求，又不會佔用過多的坪效，確保住戶能在有限居家內擁有舒適的生活體驗。

2.5. **小坪廚房優化，高腳桌椅連通**　以多功能櫃體和高腳桌椅設計串聯客餐廳，解決廚房坪數不足問題，也使機能與動線流暢。3.4. **電視牆分隔區域，引光入室增亮感**　利用電視牆與家具巧妙分隔場域，並運用曲線設計與隱藏門提升視覺完整性，進而照亮室內，營造開闊與舒適感。

2	3	4
	5	

設計團隊在材料的運用也展現其細膩度。牆面採用藝術塗料和耐用的系統櫃，這些材質不僅便於清潔，還能減少傳統設計中常見的接縫問題，進一步提升空間的整潔感與美觀性。此外，為滿足收納的需求，在臥房區域引入上掀床、滑門式櫃體等多功能設施，這些設計細節，無論是收納還是功能區域的劃分，都體現設計團隊對小空間靈活性的深刻理解，更避免傳統小空間中常見的壓迫與擁擠感。

此案展示了如何在現代都市住宅中實現「小空間，大機能」的理念，平衡了實用性與美感風格，從動線、家具選擇到材料的應用，每一個細節都經過精心規劃，為住戶創造出一個理想居所。

6. **儲物床結合梳妝的精緻規劃**　採用上掀床增加儲物空間，結合轉角處梳妝檯的精巧結合，搭配木紋地板營造溫暖氛圍，創造和諧私密的主場域。7.8. **層板書櫃設計，靈活收納實用高效**　設置單人床與書桌，搭配層板書櫃與系統衣櫃，提供完整收納功能，也適合作為客房、孩童房或孝親房。

6	
7	8

此樣品屋設計強調流暢動線與收納的靈活運用，客廳透過電視牆與多功能家具巧妙分隔餐廚區，動線清晰且開闊，避免擁擠，餐廚區域再運用高腳桌椅連接，增加功能性；臥室設計的動線則延伸至收納櫃，實現空間極大化利用。

以當代英倫情懷詮釋公設美學，凝聚住戶實踐全齡共享

Designer Data

吳金鳳 / 綵韻室內設計有限公司 / www.ciid-design.com

Project Data

英倫馥邑 / 台灣・新北市 / 373.55 ㎡（約 113 坪）/ 花磚、鐵件、灰鏡、鍍鈦金屬、皮革、石材、線板、噴漆、
清水模塗料、大圖輸出、超耐磨地板

隨著城市高樓林立，每棟大樓已成為一個獨立的聚落。集合式住宅成為主流的同時，現代大樓的公共設施不僅在於促進住戶間的情感交流，還能提升建築的形象，並增加品牌的權威性、稀缺性和蒐藏價值。這些設施更進一步反映了社會變遷、消費型態和家庭組成的變化。位於新北市林口區的「英倫馥邑」，不僅符合業主對品味的追求，更將設計細節發揮淋漓盡致。

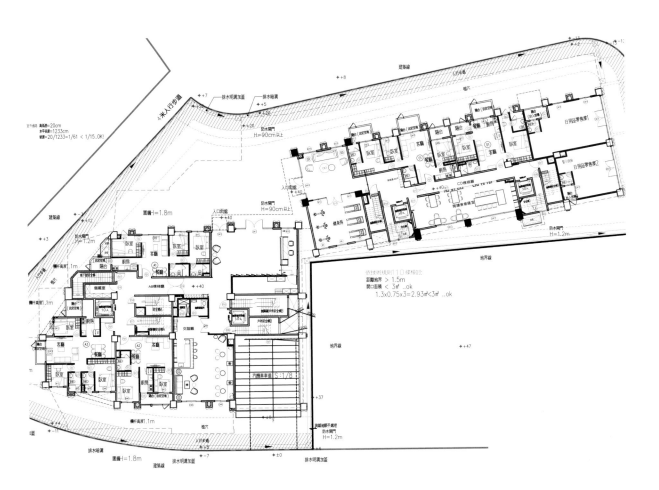

1. 迎賓大廳結合鍍鈦及石材，輔以訂製螺旋吊燈，營造當代浪漫輕奢氛圍。2. 從 AB 棟入口進來，經過梯廳到寬敞的交誼廳，動線流暢；健身房、閱覽兼會議室則位於 CD 棟。公共空間與私人場域明確界定，具備清晰動線布局、充分指標照明、體貼老弱與行動不便者的無障礙設計，以及生活類便利設施規劃，如入口導引、方便收發取件、垃圾點設置等，提升住居樂趣，以公設為媒介，加強居民彼此間的情感互動與向心力。

```
1   2
```

現代大樓的公共設施已成為房產價值的一部分，由全體住戶共同承擔費用。公設品項需兼具多元性、動靜皆宜，並強調其功能性和趨勢性。它們在規劃上不僅要有明確的動線和無障礙設計，還要涵蓋實用的生活設施，如出入口導引、包裹收發和垃圾管理等，提升居住體驗。而這也是本案設計師所著重的關鍵，以讓「英倫馥邑」公設不僅是作為住戶活動的場所，更是凝聚居民情感的媒介。

文｜田可亮　資料暨圖片提供｜綵韻室內設計有限公司

在後疫情時代，公設的功能更擴展到療癒身心、促進全齡共享和親子同樂。例如，本案設置了迎賓大廳、咖啡廳、閱覽室和健身房等，這些設施不僅提供個體隱私，也能促進社區互動。這些項目經過精心設計，能有效延長使用壽命，並提供便利。此外，近年來，許多大樓也導入專屬社區 App，通過數位應用提升社區互動和資訊共享的無形價值。

本案的設計在不同機能公設與分區中，除了展現了社區功能性的交誼中心，還成為展示社區文化與美學的場所。從設計角度來看，此案體現了平衡、對比與比例的設計核心。「平衡」確保了空間中各元素的和諧，例如石材、金屬和木材的搭配，不僅要滿足視覺美感，還要營造出舒適的氛圍。「對比」則透過不同材質和色彩的運用來增強空間層次感，例如在健身房與休閒廳，甚至戶外中庭的設計中，透過玻璃隔斷與地材變化，搭配窗外自然景觀，營造出深邃的空間效果。「比例」的拿捏有度則是將適當的元素以恰當的大小、體積、型態放進對應空間，例如大廳的訂製燈具，展現出簡約卻富有氣勢的美學。此外，本案的設計巧妙結合了東西方文化，咖啡交誼廳便引入了英倫風格，透過吧檯、燈具與家具的設計，強化了空間的儀式感與品味，為住戶帶來豐富的感官體驗。

全齡共享與多功能空間設計符合大環境的趨勢

隨著智能科技的進步，公設規劃設計也在不斷演變。現代大樓愈來愈多採用環保永續的材料與工法，如仿生建材和節能設施，這不僅提升了設計的多樣性，也縮短了施工時間。此外，太陽能、雨水收集系統和綠建材等設施，也成為本案公設中的重要元素，為環境永續作出貢獻。因應現代科技趨勢，此建案社區也逐漸引入智慧系統，從門禁管理到包裹收發、消防安全等，都能通過自動化系統實現，減少物業管理的人力支出。雖然全面取代傳統人力的智慧系統還需時日，但其帶來的便捷性與高效性已成為未來公設規劃的重要趨勢。

面對少子化和人口高齡化，公設的設計必須可以適應未來人口結構的變化，並提供更多元的服務。例如，結合異業服務如銀髮照護的居家式社區設施成為大樓公設的未來要角，需具備多功能的彈性設計。以本案的咖啡交誼廳為例，它不僅是一個社交場所，還兼具藝術和文化功能，營造出英倫風格的優雅氛圍。其他公設如健身房、瑜伽室、親子遊戲區、檯球室等，則提供住戶多樣化的休閒選擇，滿足不同年齡層的需求。廚藝教室、閱覽室、視聽室等空間則可結合藝術、文化、商務和聚會活動，進一步豐富住戶的生活品質。

設計核心 **1. 核心設計概念彰顯大器及和諧** 根據現場基地條件，空間設計的核心在於平面配置、動線規劃及材質使用，強調平衡、對比、比例三大要素。本案中，使用石材、鍍鈦金、暖木質等素材，點狀或發散式排列，確保整體和諧感。

設計核心

2. 以合宜與比例帶出主題、強化視覺層次感 靈活配置每個空間元素的大小與體積，以突出空間張力。設計講求簡潔，避免過多裝飾，在適當位置點出主題，像大廳中懸垂的訂製燈藝，不僅浪漫且具氣勢，展現出設計的精緻度。

3 公設規劃與實用性兼備 迎賓大廳、咖啡交誼廳、閱覽兼會議室、健身房與梯廳等空間，皆具高度私密性和功能性，且為住戶高頻率使用的公設項目。這些設施不僅依據大樓的規模和住戶數進行規劃，還充分考慮實際需求，並在設計中兼顧了日常維護的便利性，有助於延長設施的使用壽命，確保長期效益。

4. 燈光設計展現社交空間的氛圍魅力 本案在入口大廳正中設置懸垂的訂製燈藝，打造出浪漫且大氣的迎賓氛圍，亦是空間焦點。咖啡交誼廳的燈光設計，則是以沉穩的橙金壁燈與柔和的環境光源，映襯深沉的暗夜藍飾面與鮮橘絨單椅，營造出溫暖且具層次感的空間體驗。整體燈光規劃不僅提升了情調，更加強了藝術細節，令交誼廳散發如英倫餐酒館般的紳士風範，突顯出設計的精緻感與使用者的高質感體驗。

飯店式公設設計賦予使用者暖意與尊榮

Designer Data

袁世賢 / 呈境室內裝修設計有限公司 / nextdesign.com.tw

Project Data

磐古一期 / 台灣‧台南 / 1F：1,167.18 ㎡（約 353 坪）、夾層：70.71 ㎡（約 21.4 坪）

2F：1,053.39 ㎡（約 318.7 坪）/ 木皮、石材、磁磚、鐵件

在現代都市住宅的發展脈絡中，公設早已不再是單純的附屬設施，而是提升住戶生活質感與營造社區歸屬感的核心。「磐古一期」建案位於台南，坐擁約 400 戶，將飯店式服務完美融入住宅設計，讓居住者不僅享受家的溫暖，更能體驗如飯店般的尊貴與舒適。透過住宅與飯店式服務的結合，宛如為都市中的喧囂打造一處靜謐的綠洲，讓人在日常生活中，也能享受片刻的度假時光。

1F

1. 大廳將近 20 米的長吧檯迎接每位返家的主人，並於設置秘書與咖啡師，讓住戶們能享受有如飯店般的服務。2.3.「磐古一期」公設設計透過「轉折、停留與層次」的概念彈奏富有節奏感的空間，創造回家的儀式感，並將飯店式管理與滿足生活需求的設施、空間植入其中，為各年齡層提供豐富的活動體驗。

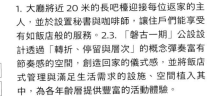

```
        2
 1      3
```

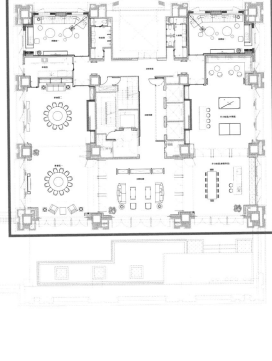

2F

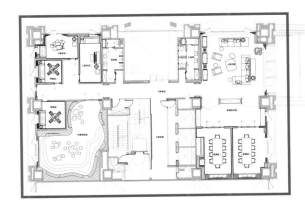

文｜張景威　資料暨圖片提供｜呈境設計　攝影｜凱映攝影 火影小明 kaying photo studio／林福明

現代公共設施設計已超越了功能需求，透過美學與智慧系統的導入使公設空間不再僅是人群聚集之地，更成為視覺與便利生活的延展。也因此在設計公設時，如何巧妙融合美學元素與智慧化功能於機能場域之中，讓每一位使用者都能感受設計所賦予的價值，成為公設設計的重點。

在「磐古一期」這座建築中，公設成為生活的延伸與靈魂。兩棟建築物以流暢的動線串聯，呈境設計總監袁世賢以「轉折、停留、層次」為主軸巧妙布局，使空間在開放與私密之間達到平衡與和諧。例如入口旁側的下沉式休息區可在此暫留休憩，或是舉辦活動，而閱讀區的書架設計不僅提供視覺遮擋，也讓空間保持開放與隱私的平衡，令整體公設布局更加豐富且富有層次感。在這樣的空間中，住戶得以在繁忙的日常中，找到一個可以完全放鬆、自我對話的角落；而將近 20 米的接待吧檯，既是社交的焦點，也是咖啡的溫暖香氣與游泳池視覺聯動的完美象徵，令室內外空間在設計中自然而然地交融。

美學的呈現則是此建案的點睛之筆，設計師透過米色與灰色調的石材，結合自然木皮與金屬細節，創造典雅而內斂的氛圍，賦予視覺上的愉悅，還蘊含著對生活質感的細膩體察。回家的路徑經過層層設計的轉折，每一處都散發著讓人沉靜的力量，如同一道心靈的屏障，將外界的喧囂隔絕於門外。

公設設計具備高度功能與靈活性凝聚住戶情感

而隨著現代人對生活品質要求的提升，公設不僅要美觀，還需具備高度的功能性、靈活性，且具有凝聚住戶情感的重要任務。由於「磐古一期」的戶數多達 400 戶，建設公司希望將飯店的服務模式融入住宅，使住戶能夠享受到飯店級別的生活服務，再加上此案戶型多為 20 坪的小坪數，居家空間內難以擁有生活所需的全部機能，因此袁世賢在公設設計時為各年齡層提供豐富的設施，除了常見的兒童遊戲區、健身房、泳池及會議室等，更於二樓增加才藝教室、多功能教室、宴會廳滿足住戶日常生活的各種需求，也因為公設中的每一個功能區域都經過精心設計，無論是社交場地還是休閒區域，皆透過動線的巧妙串聯，使住戶可以輕鬆地在不同區域之間切換，感受到空間的流暢與舒適。

現代公設設計的另一個重要趨勢是智慧化技術的引入，智慧化系統應用不僅能提升住戶生活的便利性，也使公共設施的管理更加高效。在磐古一期的設計中，雖然以飯店式管家的服務為主，但仍透過燈光的情境控制確保氛圍、安全與節能的效果。袁世賢總監也提到未來的公設設計中，智能包裹系統、機器人送餐服務等智慧化設施將逐漸普及，進一步提升住戶的使用體驗。此外，疫情後，無接觸服務的需求逐漸增長，這也推動公設在智慧化管理上的進步。

設計核心

1. 動線與設施「隔而不離、分而不散」 在空間的規劃上，呈境設計別具巧思，除了著重於功能性，更注重流動美感，讓各個功能區域有機地串聯在一起。例如，二樓的公共平台串連兩棟建築，為住戶提供更多互動的可能性。從會議室到媽媽教室，從兒童遊戲室到宴會廳，每一個角落都經過精心設計，既保持機能區分，又延續視覺與動線的通透感，展示「隔而不離、分而不散」的設計語彙。

設計
核心

2. **運用異材質、燈光展現磅礴氣勢**　公設大廳的設計以橫向延伸為主軸，配合將近 20 米的吧檯，令空間呈現磅礴氣勢。材質方面，採用石材、木皮與鐵件等天然元素，增添空間的高雅質感，並巧妙地運用燈光由縫隙透出的設計，進一步強調大廳的氣勢與視覺張力，讓住戶在進入時感受到大器與舒適並存的氛圍。

3. **智慧間接光源突出氛圍並節能**　為了彰顯公設大廳的氣勢，特別注重間接光源的應用，以柔和的光影變化突顯空間的層次與深度。呈境設計於大廳、層板以及地燈等區域，將燈光巧妙地嵌入縫隙中，令視覺效果不僅具流暢性，還能引導使用者的動線。而希望突出場域氛圍，並同時節能，燈光的強度會根據不同時間段進行調節，例如晚上僅保留暗燈以維持安全，同時達到節能的效果。

4. **多元設施滿足不同使用者需求**　為了滿足不同使用者的需求，公設空間不僅有大廳接待區、閱讀室和咖啡吧，還設有健身房、游泳池和三溫暖，滿足住戶的日常健康與休閒需求。此外，兒童遊戲室和才藝教室則為年輕家庭提供學習與娛樂的空間，而 KTV 室與宴會廳室則適合社交與工作用途，更透過功能區的合理布局，提升使用便利與互動性。

自然與機能共舞的美學生活

Designer Data

許盛鑫 / 夏利設計 / www.facebook.com/sun.life8/?locale=zh_TW

Project Data

桃大然 / 台灣‧桃園 / 222.5 坪（兩層樓）/ 木皮、金屬、石材、金屬、美耐板

此案以形塑機能與美感兼具的公共空間，傳遞生活美學的靈感場域。手法上透過大量自然材質鋪設，讓端景同時也是空間的視覺核心；樓梯串聯垂直場域，同時兼具空間軸線，伴隨不同高度領受的視覺變化，豐盈五感體驗。

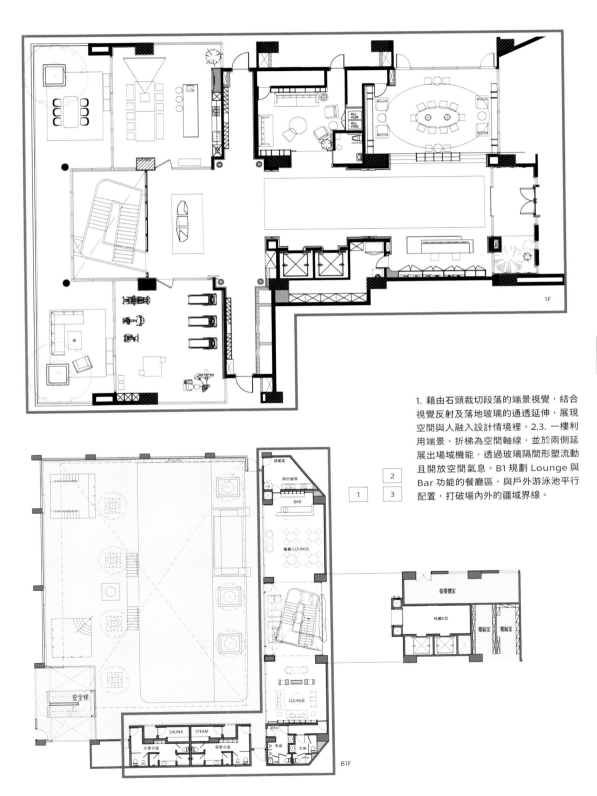

1. 藉由石頭裁切段落的端景視覺，結合視覺反射及落地玻璃的通透延伸，展現空間與人融入設計情境裡。2.3. 一樓利用端景、折梯為空間軸線，並於兩側延展出場域機能，透過玻璃隔間形塑流動且開放空間氣息。B1 規劃 Lounge 與 Bar 功能的餐廳區，與戶外游泳池平行配置，打破場內外的疆域界線。

文｜林琬真　資料暨圖片提供｜夏利設計　攝影｜沈俐良

「桃大然」位於桃園青埔重劃區外圍的建案,透過十幾分鐘的步行、簡單交通工具,就能抵達捷運共構、Outlet、電影娛樂等核心精華地段。整體空間規劃上,聚焦在舒適生活質感的美學風格,來建立與消費者溝通的橋梁,因此設計上藉由飯店宅的規格與尺度作為發揮。

一樓公設作為整棟建築主題的啟程,也是住戶們情感交流與互動的核心場域。柔和米色調鋪設溫潤的空間氛圍,設計上融入金、木、水、火、土的五行概念,延伸出流動、自然生命力的豐沛靈感;材料上擷取天然材質,藉由表面肌理、色彩及線條勾勒,與五行概念相互呼應。室內空間延伸建築外觀的東方格柵元素,櫃檯上方也延續此特色並伴隨照明、雲朵造型吊燈,搭配原木削切處理櫃檯造型,交織自然、溫潤的場域氛圍。

為了創造空間中軸線概念,入室後映入眼簾的第一視覺,以裁切三個段落天然石頭為焦點,搭配底部鏡面效果的大理石、嵌燈照明自底部投射,石頭裁切面形成光帶藝術;向上的鏡面天花板蔓延整體視覺、搭佐輕奢燈飾,後方玻璃牆則透入中庭景致,光影與藝術交織出純粹美學的精神,讓人們在空間裡無論呈現何種姿態,都倍感優雅。

造型石後方是通往 B1 的迴旋梯,考量設計需兼具空間的美學造型,同時也是垂直場域的延續,因此改造成ㄇ字型梯面延續向下,梯面中軸搭配纏繞金屬網的公共藝術裝置,沿著一樓頂板自然垂落至地下室地板;隨著每一步踏階向下移動,裝置隨光線產生層次,並伴隨窗邊透入樹梢、枝葉的層次景致,創造心靈感官上的轉換。

透過開放、通透隔間手法,打破場域疆界

公設的設計如何達到公共化?也就是居住者覺察私人空間與機能無法滿足時,願意走出家門、來到公共空間。設計團隊在一樓的空間布局上,利用開放式規劃、通透的玻璃隔間延展空間尺度,讓住戶無論身在圖書閱覽室、接待廳或多功能室,都能感受到自在與寬敞感。圖書閱覽室被淺色木質調包圍,伴隨東方色彩的格柵靈感,縈繞療癒感的書香環境;接待廳作為交誼空間,跳脫東方大氣的空間設定,深咖鮮明木紋肌理佈滿天花、壁面與櫃體,搭配原木鑿出造型邊機及皮革沙發的擺設,營造美國西部荒野 Villa 氛圍。多功能室透過吧檯與長桌安排,滿足會議、交誼等功能,天花安排流動格柵線條,局部層板燈藏在角料裡,高低錯落的光罩,映射出豐富的空間表情。健身房的天花板與地板刻意以 60 度轉彎線條拼接,呼應律動、熱情的空間概念。

地下室規劃戶外游泳池,且與室內的 Lounge、餐廳 Bar 空間平行布局,透玻璃隔間打破 Inside 與 Outside 的空間隔閡,宛如置身東南亞休閒度假飯店。建築規劃上,將游泳池視為內部空間的延伸,及情感延續;夏天時,游泳池開放使用,冬天則轉化成景觀視覺,人們可從吧檯區移動、乘坐至泳池旁降板區,水池宛如發亮的鏡面,展現渡假休閒氛圍。

設計核心

1. 格柵與鏡面延展空間尺度 　櫃檯區兩側上方鋪設懸空的格柵元素，且透過開放櫃體、橫向的原木裁切櫃檯，利用縱向線條形成進入室內的動線；再搭配廊道天花鋪陳鏡面，投射並延伸空間場景，且一路延伸至端景、樓梯的核心區。

設計核心

2. **打破室內室外的場域界線**　利用玻璃帷幕達到室內外場域的模糊與延續，營造東南亞休閒度假飯店的氣息。無論是多功能室裡利用落地玻璃窗將戶外自然綠意與建築景觀導引入室；還是地下室結合 Bar 設計的餐廳空間裡，透過玻璃隔間與戶外游泳池串聯；泳池區結合降板座位區，讓游泳池不僅作為游泳之用，也能成為吧檯區的延伸。

3. **創造流動、舒適的機能場域**　公設裡規劃不同主題的場域機能，滿足人們對生活美學的嚮往與實踐。地下室的 Lounge 空間，則安排沙發擺設與壁爐設計，形成舒適、靜謐的 VIP 概念區。健身房的天花板與地板以 60 度轉彎線條詮釋，些許錯位的視覺層次，呼應律動、熱情的健身主題空間。

4. **自然材質刻劃靜謐的質感場域**　為了呼應金、木、水、火、土的五行概念，設計上選用自然元素的材質，將形、聲、聞、味、觸之五感全方位融會貫通。櫃檯區天花板延伸格柵線條、內部蘊含柔和光線，垂掛雲朵燈飾；櫃檯則安排黑色石材銜接漂浮感、裁切造型原木，構築漸層美學的檯面設計。接待室裡，擷取美國西部荒野 Villa 概念，以深色木紋搭配實木桌，流露粗獷味道的狩獵莊園風格。

5. **畫龍點睛的設計照明**　多功能室利用置入中島與長型木紋餐桌，滿足料理、烹飪等多元需求；天花板結合流線型格柵造型，結合局部嵌燈安排，宛如星河般浪漫意象。樓梯貫穿中軸線，公共藝術裝置從一樓天花板延伸到地下室地面，讓光線穿透朦朧唯美的金屬網，營造濃濃藝術氣息，同時也聚焦視覺焦點。

合院新象，給年輕人一個職住合一的社區生活場域

Designer Data

邵唯晏、徐陽、李亞男 / 竹工凡木設計研究室 / www.chustudio-official.com

Project Data

嘉合未來金座 / 大陸・杭州市 / 63,397.14 ㎡（約 19,178 坪）/ 大理石、木飾面、鋁複合板、不鏽鋼

給年輕人一個職住合一的社區生活場域

「嘉合未來金座」是一座專為現代都會年輕族群設計的大型住宅社區，完美整合了工作與生活，達到民眾對「職住一體」的環境嚮往。竹工凡木設計研究室以卓越的公設設計，展現當代生活的美學與功能需求，實現社區作為理想生活載體，為住戶提供前所未有的住居品質。

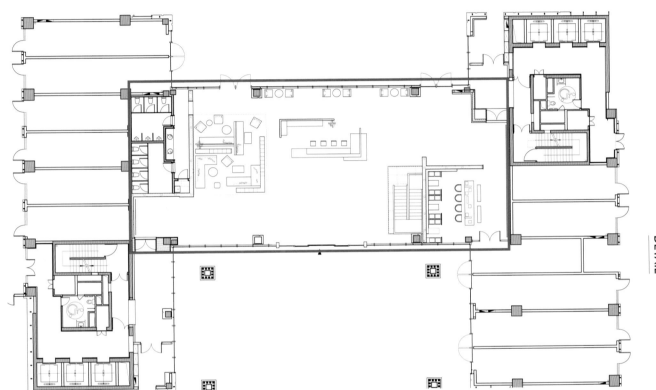

1. 社區室內空間延續過往大戶人家別邸前堂後室、兩廂圍塑的空間格局內涵，透過現代美學與工藝表現手法，運用大量豎向線條與圍合造型，營造高聳入雲的視覺情境，轉繹出符合當代人居住、生活需求的「現代合院」空間。2. 公設平面布局運用現代性及藝術手法，呈現摩天與合院的空間感，包括一個個聚攏的機能場域，以雙 L 型組合而成的圍合空間。

1 2

「公設」作為當代大型住宅社區的住戶互動交流空間，在象徵與實用皆具備重要意義。「嘉合未來金座」是位於杭州的大型社區公共設施空間規劃，設計靈感來自中國古民居建築形制，回應江南地區「傳統合院」的建築理念，延續過往大戶人家別邸前堂後室、兩廂圍塑的空間格局內涵，透過現代美學與工藝表現手法，轉繹為符合當代人居住、生活需求的「現代合院」空間。團隊在公設規劃展現出對歷史的尊重，讓空間體現從傳統合院到轉化到現代合院的變革，以鑑往知來的手法為傳統理念帶來新意，也在當代語境中賦予社區公共領域全新的可能性。

文｜蘇聖文　資料暨圖片提供｜竹工凡木設計研究室　攝影｜莊博欽

社區室內空間語彙體現「現代合院」的設計理念，運用大量豎向線條與圍合造型，營造高聳入雲的視覺情境。從進入大門開始，即可見以 L 型語彙呈現的大廳沙發座、中島櫃檯、分割壁面與線性燈帶及藝術燈飾等物件，呈現空間的上升感，並透過拼組、重構之手法，在廣袤的挑高大廳內創造一個個機能迥異、彼此獨立的圍合場域，打造猶如合院般溫暖、聚攏的平面配置。舉凡入口正對的諮詢服務台、會客交誼區、圖書閱讀區等，皆以一塊一塊如同海上漂島般的型態，獨立存在於偌大空間中，讓刻意營造的豎向線條與圍合空間單元，形塑舒適中亦帶有凝聚性的公設大廳，為使用者構築一座富含藝文哲思的生活樂園。

年輕族群的樂享生活時光

回歸住宅社區的定位，「嘉合未來金座」一開始即設定為適合年輕族群居住、生活的新世代公寓住宅，強調住商合一，住宅單元為小面積、低單價，主打年輕人共享生活的大型社區，且為滿足年輕族群的生活需要，空間規劃上由自然環境、社會結構、文化觀念三方面切入。在自然環境方面，以「光」作為公領域的主角，透過建築中央採光井的配置，最大限度地將光線援引入室，營造宜居宜人的社區環境；在社會結構方面，透過完整而系統性的空間脈絡梳理，以高自由度、複合機能的設計，讓公領域呈現滿足當代年輕人「職住一體」生活方式的環境；在文化觀念方面，則將公區規劃定位在「慢享生活，樂享時光」的精神意念中，透過大面積的空間留白、石材與金屬收邊的內斂混搭，輔以溫潤柔和的間接照明等設計手段，在公共設施中呈現細緻的空間質地，讓年輕族群在資金有限的情況下，一樣能享有良好的生活品質，具有崇高的社會實踐與空間實驗性。

近來隨著 AI 與智慧化技術的發展，社區大樓公設也逐漸朝向智能化方向演進。「嘉合未來金座」充分運用了現代智慧系統，不僅在安防系統上配置智能監控、遠端門禁管理等功能，在公共空間亦融入智慧家居設計。住戶可以透過手機或平板，即時控制與預約社區中的公共設施。同時，公共區域中的照明與空調系統也運用了感應技術，根據人流量自動調節耗能，達到節能環保的目標。這些應用不僅提升了住戶的生活便利性，更符合當前全球綠色永續發展的趨勢。展望未來，智慧社區的發展必將持續優化，進一步提高社區公共設施的管理效率。

1

**設計
核心**

1. 串聯漂島般的獨立機能場域 　在空間的規劃上，竹工凡木特別轉化傳統合院建築形制，以新型態的現代合院創造一個個獨立圍塑的機能區域，從中島櫃檯、大廳接待沙發區到閱讀空間，透過如漂浮海上之島的設計，結合大面積留白的活動區域，讓動線自由地隱身其中，空間與空間之間既獨立又相互串聯，展現獨特的凝聚性。

1

2. **營造大尺度、去邊界化的公設空間**　社區由兩棟主建築物組成,中央以連廊及大型藝術品串接。主要玄關大廳以挑高二層的格局規劃,營造氣勢磅礡的大器氛圍,整體開放式規劃的公設空間,機能場域以家具及軟裝阻隔,盡可能為使用者創造最大尺度的空間感知,結合長向兩側的大面玻璃窗,讓自然光線大量灑入,使公共空間與室外花園連成一氣,模糊了內外空間邊界。

3. **藝術燈飾、間接光源打造溫潤生活場景**　室內主要為自然採光,人工照明以間接光源為主,充滿設計感的造型藝術燈飾、隱藏燈帶與線性燈條共構了溫潤、充滿生活暖意的質感空間,也像置身於星級酒店大廳般,建構一個能放鬆身心靈的公設環境。

4. **大理石材、啞光金屬色建構高端空間感**　室內公設大量啟用大理石質地的表面材,從壁面、地板到桌檯皆可見其應用,並以不同色澤、紋路創造視覺豐富性。此外,在大理石的收邊與分割線段,則運用古銅金屬色澤材質,創造細緻、高端的情境氛圍。金屬色系材料亦應用在天花與部分壁面中,並與木質櫃體相得益彰。

融入書冊意象，賦予在地人文美學

Designer Data

朱伯晟／玖柞設計│朱伯晟建築師事務所／ www.nineoak.com.tw

Project Data

流金歲月／台灣・台中／ 268 ㎡（約 81 坪）／大理石、不鏽鋼、鏡面、文化石

建築公設不僅提供了住民便利的服務，更傳遞了回家的暖度和歸屬感。此案「流金歲月」位處台中潭子，周遭緊鄰校園、自然和傳統古蹟，凝聚豐厚的書香人文風情。因此公設語彙融入書冊概念，將竹簡、書頁飄飛化作空間皮層，同時汲取古蹟意象，連結在地情感，打造貼近生活且富含文化底蘊的公設空間。

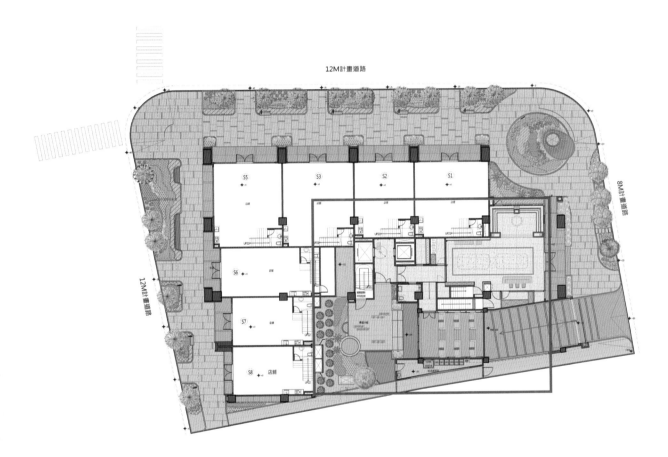

1. 為了與當地文化呼應，將書籍意象融入空間，大廳天花以紙張飛舞的形象揭開序幕，不鏽鋼揉塑成柔軟的曲線，立體的生動視覺為空間增添鮮明活力。而牆面則在灰黑石材布排矩形線條，細緻金屬疏密相接，擬化書頁樣貌。2. 在進出頻繁的入口大廳、中庭與多功能空間，分別安排通道串聯，三區便能以回字動線銜接，有效縮短行走距離，方便自由來回。而中庭與多功能空間以玻璃拉門區隔，能隨時拓展使用範圍，空間更能靈活運用。

| 1 | 2 |

此案「流金歲月」基地周邊圍繞著校園、綠園道和低密度的透天建築，低矮的天際線帶來寧靜氛圍，形塑純樸自然的文教社區特性。以此為起點，公共設計融入「書冊」作為主視覺語彙，呼應在地人文特質。

首先，大廳主牆、櫃檯和地面以灰黑色調大理石為基礎，不僅奠定沉穩平靜的空間重心，深色石材的運用也能隱藏汙漬，方便日後清潔維護。櫃檯牆面特意以金屬細框鋪排出幾何方形

文｜Aria　資料暨圖片提供｜玖柞設計｜朱伯晟建築師事務所　攝影｜Moooten Studio 墨田工作室

線條，凝塑書牆意象。大廳前方以石材打造公共藝術展台，隨時靈活更換展品，增添藝術人文氣息。背牆則延續設計主軸，透過石材進退深淺的立體質感融入竹節形象，再內嵌燈光洗牆，巧妙呈現書本發光的吸睛質感。同時善用大廳挑高 6 米的優勢，天花運用一片片不鏽鋼勾勒出柔和曲線，懸浮半空的設計，形塑紙張從天空灑落飛舞的動感視覺。在周遭光源的輔助下，光亮金屬反射光影變化，更顯豐富有層次。整體從材質演變到翻閱書頁紙張，將書冊不同階段的變化和動態，隱性融入公設語彙，形塑充滿張力的視覺效果。

借鏡傳統三合院，多功能空間彈性運用

為了強化社區歸屬感，為居民安排多樣化的機能空間，像是在大廳一角之間設置沙發待客區，特意採用下沉式的設計，利用高地落差將待客區與入口動線分離，而沙發區向外則能銜接戶外庭院，座落的視線正巧與綠地平行，通透的落地大窗消弭室內外界線，注入沉靜療癒的空間氛圍。面向中庭設置多功能空間，運用可開合的玻璃拉門相連，平時開放讓多功能區與中庭相連，廣闊的空間方便親子互動，也能拉起拉門圍成獨立電影院或會議區，充滿彈性的靈活空間滿足居民不同需求。巧妙借鑒傳統三合院的設計概念，讓居民在日常生活中自然交流，營造溫馨的互動氛圍。多功能空間的階梯設計也是一大亮點，不僅作為通道，還兼具座椅功能，有助提升空間坪效。此外，茶水吧檯設置在空間的最高處，完善實用機能。

在設施上則安排健身房，維持健康的同時，也能促進社區居民的互動。在牆面鋪設蕨類植物，引入自然元素增添療癒放鬆氣息，搭配樹幹意象的格柵櫃，讓戶外綠意延伸至室內，實現內外景觀的融合，空間充滿自然生機。頂樓則布置中島吧檯與座位區，能舉辦餐會、派對或是招待客人。設計上以玻璃盒子為概念，圍塑獨特的通透空間，入口通道貼覆鏡面材質，巧妙反射湛藍天光，讓空間顯得更加開闊明亮。同時汲取當地傳統民居古蹟——摘星山莊為靈感，以紅磚鋪陳牆面，連結在地文化，輔以木質家具和木紋磚地板點綴，溫潤質感提升空間暖意，充分體現古今交融的文化底蘊。

1

設計核心

1. 不鏽鋼吊飾，突顯挑高氣勢　由於大廳空間設計力求簡約，避免使用需要高維護的吊燈與繁複裝飾，改以懸掛一片片的不鏽鋼巧妙塑造書頁飄動的意象，彎曲的不鏽鋼形塑輕盈富有韻律的視覺效果，流動的曲線配合 6 米挑高的空間，強化大廳的高挑氣勢與美感。而一旁的下沉式沙發區則與戶外庭院相鄰，通透的落地大窗讓視覺向外延伸，不論是從垂直或水平視野，都能突顯空間的開闊尺度。

1

2. 複合式機能,提升空間坪效　利用車道上方設置多功能空間,順應高度安排層層向上的階梯,階梯也轉化成座椅,複合式的設計有效提升坪效。多功能空間也善用面向中庭的優勢,透過可開合的玻璃拉門與中庭相連,半開放的場域能讓空間靈活運用,不僅可作為社區電影院、會議室,還能舉辦親子活動或社區表演。此外也另設健身空間,多樣機能滿足居民需求。

3. 光影洗牆,形塑立體層次　大廳牆面融入竹節,隱喻古時竹簡書冊意象,運用不同比例切割的石材拼貼,搭配深淺進出面的立體視覺,再嵌入燈條漫射洗牆,營造豐富的光影層次,形塑宛若發光書本的效果。同時為了節省能源,整體公設燈光能分段分區控管,因應早中晚不同時段,呈現全開、半開或保留 20%光源等設定,有效智能控管,實現美學與實用的完美平衡。

4. 紅磚質感,賦予深厚人文情感　考量到周遭有著遼闊的天際線,頂樓公設採用玻璃盒子的概念,搭配鏡面反射天光,巧妙拉伸空間,營造開闊的視覺效果。而為了與周圍地景相互呼應,延續當地摘星山莊的傳統建築,牆面鋪陳紅磚,與歷史人文形成情感連結,搭配鐵件層架,體現現代與傳統的融合。地板則安排人字拼木紋磚注入溫潤質感,日後也方便維護整理。

綠意與社區結合，生活在自然之中

Designer Data

王正行（左）、袁丕宇（中）、張豐祥（右）/ 工一設計 / oneworkdesign.com.tw

Project Data

森美館公設 / 台灣・台中 / 4,568 ㎡（約 1,503 坪）/ 清水模、金屬、實木

在都市中，也能享受到濃厚的綠意生活圈。森美館在規劃設計初期，就以像是在森林中的美術館為宗旨，場域布局環繞綠意，工一設計讓木紋清水模建築外觀和自然植物，與社區公設結合為一體，延伸生活品質。

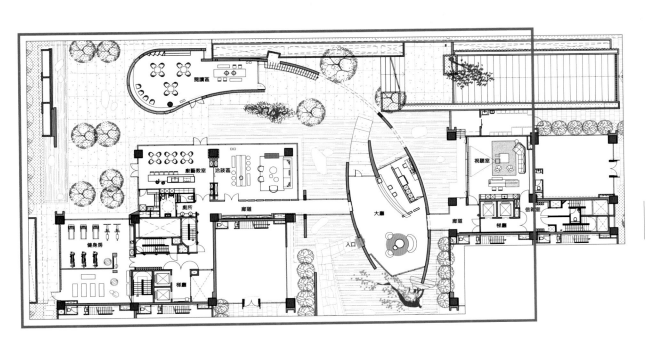

1. 森美館在規劃設計初期，就以像是在森林中的美術館為宗旨，場域布局環繞綠意，做到讓住戶能生活在自然之中。2. 公設區域一共分四區，接待大廳、兩棟住戶大樓的一樓還有自成一區的閱讀區，設施涵蓋廚藝教室、健身房，兼具休閒與娛樂功能。

| 1 | 2 |

建案的公共設施，如果從一開始能參與討論，對後期整體視覺效果會更優異。建案「森美館」在建造前跟工一設計開啟溝通，由工一設計規劃建案日後公共設施整體視覺呈現，室內與室外的設計產生共振，而不會是室內只是披裹著外皮的裝飾，對住戶來說能真正享有良好公設品質。

公共設施區域一共分四區，除了位在中心的接待大廳；社區住戶的兩棟建築也都有規劃公設，還有一處位在綠意中的獨立建築是閱讀區。各處以水池上的通道作為銜接，穿過水流彷彿置

文｜Tina　資料暨圖片提供｜工一設計

身山林之中。與建築共舞的室內，將外觀木紋清水模建材延伸入內，利用穿插與交疊手法，圓弧狀天花板畫出柔和視覺，再以金屬色澤檯面與木紋清水模交融，沉穩簡練中帶出時尚精緻效果。

接待大廳因為採光良好，如果做一般大門會遮蔽光線，於是以長條格狀的鏤空設計為大門造型，引入採光，日光照耀下呈現格狀光影點綴空間。寬敞的區域規劃了一區沙發座椅，窗外有植栽造景，佐以線條感垂吊燈飾，添加優雅質感，作為兩棟建築物之間的引流空間，顯得寬敞舒適。

社區大樓內另外規劃了健身房、廚藝教室跟洽談區。健身房因為建築物本體有挑高，窗外有景觀，慢跑時對著庭園植物，比起一般健身房來得寬敞舒適。以木作包覆空間線條同時遮蔽樑柱，長條狀燈具均勻吐散光源，明亮不失柔和。

拉大空間尺度，規劃自在共享區域

洽談區以斜狀屋頂刻意壓低天花板高度，讓空間多些變化，延續木紋清水模建材，牆面刻意些微斷開做鏤空感，同時減緩大牆面壓迫性。搭配窗外庭園造景，室內擺放木質桌椅和沙發，搭配大理石材質作為壁面以及中島檯面的銜接支柱，簡約中利用原木的溫暖和沙發的柔軟舒適，營造洽談區的輕鬆自在氛圍。結合廚藝教室的洽談區，拉門拉開後方就是廚藝教室，牆面以金屬板材帶出質感，並規劃完整廚具在牆面跟中島。除了定期開設廚藝教室，也讓社區住戶如果有客人來訪，可以租用空間做外燴或是使用廚具做料理。

自成一區的閱讀區，以輕透玻璃做隔間，木紋清水模牆面搭配弧狀木質天花板，沉穩的灰質調配上溫潤木色，空間帶出沉靜舒適，光線透過木質天花板緩緩降下，光源溫潤，適合來此處使用電腦或閱讀的住戶，能在一個類似咖啡館的環境中，享受片刻安寧。因為是獨棟建築，也很適合在此辦講座或是會議。尤其戶外的庭園造景規劃眾多綠意，在樹影伴隨下，陽光與植物就是空間最美的裝飾。

當空間與自然結合，公共設施與建築物結合為一體，帶入綠意景觀於室內各項活動中，人與環境之間產生密切連結，回家就像回到自然之中。如同建案取名「森美館」，回家就像回到森林中的美術館，擁有絕佳優雅的居住環境。

1

設計核心

1. 清水模外觀、藍色水池，貫穿各區公設 森美館的公共設施涵蓋四區，各區以水池、走道相連，銜接各處在走動時必須先走到戶外，穿越綠意流水後到下一個區域，讓各處的流動變得悠閒，彷彿置身自然之中。而外觀的木紋清水模延伸入室內，是各空間相同的建築語彙，也是室內的風景，空間在動線上規劃四通八達，視覺上也有了一致性。

2. 將建築外觀建材延伸入室內 森美館的公設，在建蓋前就規劃好室內設計，為了跟整體建築相符合，工一設計把木紋清水模延伸到室內空間各處，室內外有了相同設計語彙。室內再以木色的溫潤作為提升空間氛圍的主要建材，原木色帶來視覺溫暖，搭配玻璃帷幕帶進的日光，呼應灰色的木紋清水模，空間產生了低調安靜的氣息。

設計
核心

3. **休閒、娛樂兼顧的優質公設規劃** 近年來的公共建設開始偏向社區共享寬闊且實用性高的規劃,所以森美館公共區域規劃了健身房、廚藝教室、洽談區和閱讀區等處。設計師以溫暖木色作為空間調性,兼以柔和光線,簡練空間設計,拉大公共空間場域的舒適感。作為住戶室內空間延伸的公共空間,考量到日後使用的實用性,空間內的座椅和配色,以簡約自然為主,視覺上看起來舒適大方。

4. **建材與環境的自然相融** 希望營造像是在森林裡的美術館,於是取名森美館的建案,在建築物之間注入大量綠意,寬廣棟距帶來好採光。設計規劃上,充分納入窗外的綠意跟日光,銜接到室內時寧靜的灰色與原木色承接了空間的起承轉合,光線透過木頭緩緩而下,沈穩的灰色系讓人安靜下來,藉由色系的搭配和材質堆疊,空間呈現乾淨又有層次的表現。

減法設計，打造純粹功能與美學

Designer Data

呂世民、林怡菁、曾翌睿 / 相即設計室內裝修有限公司 / www.xjstudio.com

Project Data

深耕 15 / 台灣・桃園 / 1F：24.84 坪；R1F：10.43 坪 / 磁磚、石材、鐵件、木作、波龍地板

減法設計，打造純粹功能與美學

位於桃園的建案「深耕 15」，由相即設計室內裝修有限公司（以下簡稱相即設計）巧妙運用有限坪數，完美融合公共設施的美感與實用性。設計師透過精選材質、智能系統搭配以及設施規劃，為住戶打造出兼具現代感和實際需求的居住環境，充分展現出設計美學與功能性的絕佳平衡。

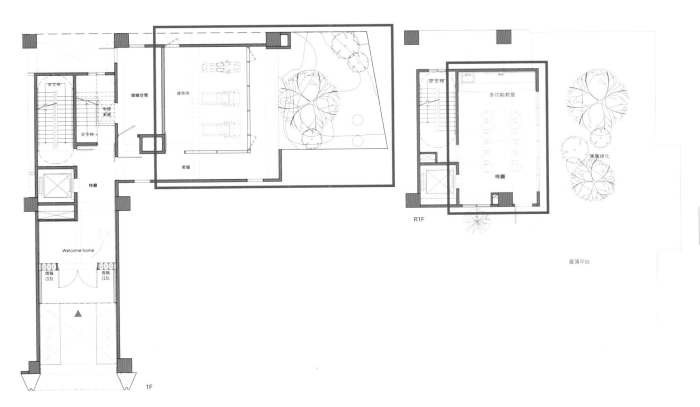

1F

R1F

屋頂平台

| 1 | 2 |

1. 大廳的設計，使其在視覺上能夠呈現出大氣感，即使空間較小，也能維持高級建案的視覺效果。2. 公共設施的多功能需求集中於頂樓會議室，一樓則設置為健身房，享有綠意景觀，為住戶提供舒適的日常運動中心。

在這次公共設施設計中，設計師運用了「減法設計」的理念，將多餘的元素剔除，強調空間的純粹性與功能性。這種設計哲學注重實用價值，而非僅是視覺上的裝飾，在於讓每一個元素都能發揮其應有的功能。材質選用了大理石與金屬，這兩種材質不僅強調空間的高端質感，還具有高度耐用性。大理石的光滑細膩與金屬的硬朗質感形成冷暖對比，不僅增添場域的層次感，還達到設計中材質搭配的和諧與平衡。此外，它們的耐久性讓公共設施在長期使用中仍能保持美觀與實用，這不僅減少後期的維護成本，還實現了現代建案對「經濟效益」與「耐久性」的雙重要求。

文｜李與真　資料暨圖片提供｜相即設計室內裝修有限公司

以淺色木皮與冷色調的大理石及金屬網進行搭配，這樣的組合既展現了溫暖與高雅的視覺感受，又避免過於強烈的色彩對比，給人一種舒適而和諧的氛圍。另外，空間規劃的安排，採輕透的金屬網作為隔間材質，既可以有效地劃分空間，又不會阻擋光線流動，維持環境的明亮與通透感。同時，這樣的設計更模糊了室內與室外的邊界，大幅提升各公共設施區域的開放感與靈活性，適應不同使用需求的變化。設計師在材質選擇與功能性考量上展現出對細節的把握，也使得公共設施在美觀、耐用、經濟性上達到最佳效果。

智慧家居系統融入設計，提升日常便利

隨著現代社會對多功能公共設施的需求日益增長，此建案在規劃時也充分考量了這一點。由於住戶僅 27 戶，其中 5 戶為店面，考量到住戶數量有限，公共設施的多功能使用需求集中在頂樓的會議室。這一空間除可供管委會會議外，還能用作家教、讀書會、住戶小型聚會等活動場所，增加住戶之間的互動機會；將一樓最好的坪效規劃為健身房，面外即可看見綠意，為住戶提供日常運動的場所。

巧妙利用兩側樓梯與梯廳串聯各個區域，停車場設有獨立出入口，方便住戶進出，並透過合理的動線設計，確保住戶能快速抵達各公共設施。建案中的智慧系統展現了未來公共設施的發展趨勢，由於住戶數量少且不易負擔管理員，設計師預先規劃了「無人化管理方案」，例如，智能信箱系統可以讓住戶透過手機遠端控制，方便地收取包裹。未來還會引入更多智能家居系統，住戶可以用 App 來操控空調、燈光等設備，提升居住的便利性。

相即設計設計總監呂世民也提到，隨著市場需求的轉變，公共設施的設計趨勢已經逐步轉向智慧化與節能化。在台北，由於坪數和預算有限，傳統的豪宅設施如游泳池和三溫暖已經逐漸被簡化，取而代之的是更實用的設施。此外，智慧技術的應用，尤其是在宅配和能源管理上的進步，正在成為未來公設設計的關鍵，讓住戶的日常生活更加便利舒適。

**設計
核心**

1. **視覺延伸與大理石鋪陳，放大豪華感**　即使大廳的區域有限，設計師透過視覺延伸與材質使用，放大空間感。採用大理石元素，營造豪華視覺；其次，透過燈光設計的巧思，使場域變化更加豐富。此外，善用細節處理，例如隱藏門、鋪陳牆面紋路等，達到整體和諧統一，這樣的尺度設計，使住戶在進入時感受到大氣的氛圍，還保留了細膩溫馨。

2. **公設聰明規劃，與智慧系統相結合**　頂樓設有多功能會議室，滿足住戶的社交和工作需求；一樓則規劃健身房，提供日常運動的場所，並採用綠意環繞的設計，增加舒適感。此外，還引入智慧系統，如智能信箱，可以透過手機遠端控制，提升便利性。這些設施充分考量了住戶的各式生活需求，提供舒適且實用的居家空間。

2

2

2

3

3

設計
核心

3. **質感加持，放大視覺與寬敞感**　大廳與會議空間採用了高質感的大理石，增強場域的豪華氛圍。此外，金屬網的運用，使公共空間在光線與材質之間形成了一種微妙的對比；並且在牆面與門框等細節部分採用了特殊的紋理處理，讓整體更加和諧且富有層次感，也放大了寬闊視覺，保持了設計的精緻與獨特。

4. **白天夜晚皆宜，打造生動公設**　燈光設計不僅照亮了每個角落，還透過布局增添了現代感與溫馨氛圍。搭配了間接光源，使得空間不僅充滿深度，還散發出柔和的光線，讓住戶無論在白天還是夜晚，都能享受一個舒適且愉悅的環境。此外，燈光的效果也成為整個建案的亮點之一，使公共區域顯得更加生動。

BEYOND

破圈而出・跨域學習

PEOPLE ──為好住好用把關,步步為營的踏實風格

謝岱杰畢業於加拿大多倫多大學,返國後進入達麗建設,經歷業務、工程、採購等多方位訓練,後再進修政大EMBA,成為父親謝志長的得力助手,擔任達麗建設特助,隨後創立達麗米樂開發,並出任董事長,主導高雄捷運局樂購廣場開發案,為達麗注入複合式開發動能。

CROSSOVER ──顛覆傳統,非典型接待中心的崛起

非典型化接待中心突破傳統設計的界限,為購屋者提供獨特、創新且多功能的體驗空間,展現接待中心的全新可能性,並靈活適應現代需求和市場變化。本次跨域對談以「顛覆傳統,非典型接待中心的崛起」為題,邀請建商、建築師及設計師一同分享推出非典型化接待中心的契機,以及設計者如何透過創新設計來回應這些需求。

為好住好用把關，步步為營的踏實風格
達麗米樂開發董事長___謝岱杰

文｜邱建文　資料暨圖片提供｜達麗建設　攝影｜Amily

People Data

謝岱杰負笈加拿大多倫多大學，返國進入達麗建設體系，歷經業務、工程、採發等紮實訓練，再向政大 EMBA 充電，成為父親謝志長的得力助手，擔任達麗建設特助，隨後創立達麗米樂開發，並出任董事長，主導高雄捷運局之樂購廣場開發案，為達麗挹注複合式開發能量，以軌道經濟為發展目標，積極參與公共投資標案。

1. 達麗建設自 2013 年成功上櫃轉上市之後，幾乎連年獲獎肯定，2016 年「世界灣」即以河流曲線的內外呼應，贏得國家建築金質獎之全國首獎。2.「世界仁」座落台南百貨三井 Outlet 第一排，規劃 19 層樓，為區域最高地標級建築，公設委由玖柞設計規劃，設有藝術大廳、交誼廳、書香閱覽室等。

[1]
[2]

圖片提供｜達麗建設

對於接班，謝岱杰以前不曾想過，而今則有新的體會，賦予不同的意義。

「我算是第三代」，謝岱杰的祖父從高雄蓋房子起家，父親謝志長慢慢拓展到台北，而他移民到加拿大，在多倫多大學完成電機學位，「那時根本沒想到回台灣發展，只單純地認真讀書。」因為即使是學校，競爭也十分激烈，當時教授就很明白預告「三百多個學生中，只有三分之一的人可以畢業。」當下他左右對望同學，有像他一樣的華人，還有印度人和歐洲人，心想「他們的腦袋聰明絕不在話下」。

從學校的競爭中，在程式編寫的訓練下，他逐漸把自己的腦鍛練成「同一時間多元併用」的思考方式，「就像彈鋼琴，上要看譜，下要彈鍵；寫程式也是，把眼睛所見的，即時反應到腦，再快速傳達到雙手，等於同一時間要做很多事情。」

三代經營汲取跨國學習能量

畢業後，回到台灣，等當兵的短短一季，他便跑去應徵房屋仲介，只因父親說一句：「趕快去面對客戶吧，只有面對人，才能學習到更多。」他從帶看房屋的過程中，開始融入台灣人的思維，也看懂台灣的中古屋。

而當完兵，順勢回到家族事業「達麗建設」，先到業務部打樁奠基，「整個業務部的循環其實就是一個建案的生命週期」，從預售屋買賣到簽約、從中段的蓋房子與收款，到後段對保和驗交屋，整套流程樣樣經歷。

接著踏入營造廠的採購部，買建材、懂發包，也勤跑工地和師傅聊工法，再應證到塗一面牆的泥做、綁一柱子的鋼筋、看一台的混凝土車加水，深知自我的淬鍊並非打造專才，而是通才，至少聽得懂專業術語，看得懂門道。

每個部門的歷練都至少三年，才得以進入開發部，跟著父親學習規劃，以特助的角色從旁協助與獻策，乃至擔當業務、開發和規劃的整合大任，自此徹底發揮他「一時多用」的用腦模式。「既然我要同時想很多事情，那麼就直接看數字看報表吧，少一點主觀意識，讓所有的決策都有『理』可據。」而這又是他從電機工程學到的「務實」態度。

謝岱杰的務實風格也從公司面延伸到客戶端，在設計之前，對於所謂的「目標對象」總是在內心翻湧無數，反反覆覆地細細推敲，務必要讓買屋的人好住好用。

圖片提供｜達麗建設

圖片提供｜達麗建設

一塊地一輩子都要好住好用

「好住好用」便是對房子的務實，「盡量不浪費走道虛坪，空間尺度要符合人體工學，外牆設計要顧及台灣的地震颱風而不應過於繁複，要住得健康就要避免柱梁影響開窗採光⋯⋯」謝岱杰處處以居住者的所思所用為考量，先以建築的專業細節把關，在他認為是對人最起碼的「公平性」。誠如他所說，「並非每個空間都要想盡辦法去壓縮，或塞入很多東西，而是要好住好用，價格又實惠，這才是我們的務實風格。」此外，房子也要有撐上三、四十年的「維持」強度，可以常住常好。他不諱言，控制總價是銷售房屋很重要的一環，亦即坪數越小總價越少，市場的接受度越高，但也往往被當成投資型的產品，使代銷公司常以此為要求，求得盡速完銷，「但我們最不想把房子當成資產在炒作，因為最終仍是為人所居住。而坪數太小的房子就算品質再好，一進玄關也會有失落感，而我不想摧毀一輩子的居住夢想。」

用數字說服自己驗證不同

也因此，達麗建設從選地開始就很務實，他常和同仁比喻，「每一塊土地都是『布』，而這塊布料到底要賣給誰？誰要跟你買？誰要來這住？又為什麼要來這住？」謝岱杰直言自己是念工程的，不會談太多的故事包裝，而是回歸於務實面之後，再去創造更多的設計亮點。而結案之後，他也會透過每一場與住戶交流的回饋心聲，作為日後設計的改善方向。

謝岱杰的務實也表現在父子之間的溝通，他回憶剛進開發部時，因為是菜鳥，彼此的專業落差太大，還談不上所謂的「互動」；但隨著專案參與的經驗累積，以及再進修政大EMBA，有了商業經營的思維之後，才激發共鳴的火花，漸有分工。「然而，也有意見背道而馳的時候。」謝岱杰擔任達麗米樂開發董事長之後，隨即主導高雄捷運局標案「樂購廣場」，「但當時所有的財務評估都不利於開發，唯獨父親單憑個人眼光而獨排眾議。我為了說服自己，只好再去搜尋大批資料，用實際數據去支撐父親的見解。」

他開始爬梳高雄各區鄉鎮發展的歷史脈絡，確認北高雄的未來趨勢；繼之埋首分析民政局的資料庫，細究當地的人口結構、教育程度、消費能力等指標，也從家庭的支配額如「汽車比機車多、教育付出比例較高」等數字，更加確認具有較高的消費潛力。

謝岱杰在各部門的職務歷練，都是步步為營的務實學習，且擅長發揮數字分析的能力，從龐雜繁重的事務之中建構理性的秩序。

3	
4	5

3.4.5. 2023、2024 年連獲美國謬思設計大獎（MUSE Design Awards）肯定，「冶翠」與「河蘊」住宅大樓分別獲得金獎和銀獎。

圖片提供｜達麗建設

邁向軌道經濟多元開發投資

達麗開發的建築案贏得多項大獎，但以商場經營模式的開發案倒是首次，也因此更具挑戰，必須從各項數據評估當地的需求，以及設定零售業的規模和招商的屬性，而謝岱杰並未用盡容積，而是表現重劃區的特性，大器劃出八米的道路，以矗立各有風格的街邊店，且圍繞大片的公園綠地、寬敞便利的停車場，讓當地居民也前來散步遊逛；而佲大的廣場亦呼應節慶假日舉辦各種活動，營造嘉年華會的歡樂氣氛。

樂購廣場自 2022 年開幕以來，確已證明為成功的案例，「雖然對達麗的資產和財務的幫助有限，但足以和建築本業做出明顯的市場區隔，打造品牌的差異化，而蓄積複合式開發的資源和能量，也讓我們更具信心朝向『軌道經濟』發展，積極參與公共投資標案。」

達麗建設不只開發複合型商場，在美國西雅圖也蓋起 KODA 大樓，並獲華盛頓州年度最佳建築獎。「從台灣到美國，看似大膽跨越，但也是在加拿大移民期間，父親多次就近往返美國西雅圖，建立當地豐厚的人脈，深入熟悉其商業模式，才有了投資開發的萬全準備。」謝岱杰表示，長期和國際團隊合作，不只有美國，也來自澳洲，具體打造國際化的品牌優勢，同時也為達麗抱注前瞻性的技術和觀念，使台灣的設計師能夠超越既定的建築法規，展現耳目一新的設計能量。

6

7　　8　　　6.7.8. 2017 年開始興建位於高雄岡山的「樂購廣場」，以重劃區化成功打造複合型商場。

重建 SOP 流程進行 E 化

達麗以多元投資開發的策略進行,勢必加速團隊的學習,也將進入內部改造的陣痛期,包括重建 SOP 流程和進行 E 化。謝岱杰坦言,缺工為建築業的致命傷,「尤其達麗的工地分佈北中南各地,而每個工地所長的個性和態度不同,就算同樣的照圖施工,蓋出來的房子也可能不一樣。」故為強化品質控管,他制定標準的作業流程細節,讓參與其中的人皆有本可循,再輔以三層的嚴格監管,以大幅提升良率;同時進行精兵計畫,加強留才和育才。

而為節省人力,即使是住宅大樓,達麗也設定中大型的開發案,以規模經濟提高產值,增加經濟效益;而 SOP 標準流程的融入,可打造如工廠化的複製效果。此外,也透過發包制度改變人的行為,於合約加入材料損耗率的規範,讓工班承包商謹慎負責材料的使用,而不再只是派工。如此一來,工地不再隨處可見拆封的剩料,而減少垃圾量也是因應全球倡議的永續行動。

除制度化以外,為加速整合分布北中南高辦公室和美國公司的作業流程,也同步進行 E 化,並透過教育訓練,協助員工盡速調整與適應。而謝岱杰對於 2017 年來自俄羅斯的駭客侵入而勒索的真實事件仍感驚詫,慶幸當時已存有備份,對資安維護更是謹慎處理。

而永續的議題仍在持續挑戰之中,「不只是減少碳排,也包括企業的永續。」因此為內部員工制訂明確的生涯規劃,透過晉階的願景、外部演講的月會舉辦等,提升成就感。誠如謝岱杰對接班的重新定義,所有的改造工程都是為了強化團隊,「因此接班不會是我個人,而是透過制度與團隊的傳承。」

圖片提供｜達麗建設

9 ┃ 10 ┃ 9.10. 達麗與美國 KMD 建築師事務所攜手合作,西雅圖「KODA」建案獲華盛頓州年度最佳建築獎。

顛覆傳統，非典型接待中心的崛起
莊政儒 VS. 洪浩鈞 VS. 謝仕煌

非典型化接待中心突破傳統設計的界限，為購屋者提供獨特、創新且多功能的體驗空間，展現接待中心的全新可能性，並靈活適應現代需求和市場變化。本次跨域對談以「顛覆傳統，非典型接待中心的崛起」為題，邀請建商、建築師及設計師一同分享推出非典型化接待中心的契機，以及設計者如何透過創新設計來回應這些需求。

People Data

達永建設集團董事長莊政儒（左）、Üroborus Studiolab／共序工事創辦人暨主持設計師洪浩鈞（中）、謝仕煌建築師事務所建築師謝仕煌（右）。

文、整理｜余佩樺　圖片提供｜達永建設集團、Üroborus Studiolab／共序工事　攝影｜Amily

1. 三組與談人就「顛覆傳統,非典型接待中心的崛起」進行探討。

接待中心不僅僅是銷售商品的
場所，而應成為一個能夠吸引
更多人參與多元活動與內容的
空間。

——莊政儒

許多建商開始突破常規，將接待中心與餐飲、市集、書店等設施相結合。這樣的創新使接待中心不僅僅是銷售房屋的場所，而是轉變為一個多功能的空間，提供更多元化的體驗與互動。本次跨域對談由《i室設圈｜漂亮家居》總編輯張麗寶擔任主持人，邀請達永建設集團董事長莊政儒、謝仕煌建築師事務所建築師謝仕煌，以及 Üroborus Studiolab／共序工事創辦人暨主持設計師洪浩鈞，從各自的角度分享打造非典型接待中心的契機與想法。

從各地案例中，看到接待中心的新詮釋

《i室設圈｜漂亮家居》總編輯張麗寶（以下簡稱 ）：過去經驗中哪些接待中心給您留下了深刻的印象？

達永建設集團董事長莊政儒（以下簡稱莊）：與其說某個接待中心給我留下深刻印象，不如說各國之間的差異更有趣。以大陸為例，接待中心通常採取邊蓋邊賣的模式，早期許多樓盤在封頂（即建築結構完成）後才能銷售，這使得售樓地點的設計尤為重要。開發商通常先建設公共設施，如會所，並在其中展示房屋產品，說明購房者提前看到未來的公共空間，從而增加信任感。在大陸，銷售展示重視實質性，避免過度修飾，讓購房者清楚了解樓棟的朝向和採光等細節。相比之下，歐美地區的接待中心多以成屋展示為主，因不需考慮地震等因素，實品屋的數量相對較少，無論是新建房還是二手房，這種直接的展示皆增強了購房者的信心。

在台灣的接待中心，尤其是預售屋，需要向客戶展示未來生活的樣貌，因此空間常融入磅礴的配樂與儀式感。而我會去思考更多可能呈現的形式，總的來說，我更關注在各國設計與運作上的不同思維和實踐方式。

圖片提供｜達永建設集團

2.3.「吉祥道」接待中心由達永建設集團策劃，打破接待中心只歡迎買房客戶的印象，透過各種品牌的進駐，讓這成為一座小百貨，邀請社區鄰里、甚至所有人踏進個空間，認識達永建設集團想要傳遞的社區未來樣貌。

2

3

Üroborus Studiolab／共序工事創辦人暨主持設計師洪浩鈞（以下簡稱洪）：在我之前的任職的公司中，曾與大陸知名地產開發商阿那亞合作，這個開發商最讓我印象深刻的是他們在秦皇島海邊建造的「最孤獨的圖書館」。這座圖書館不僅為當地社區提供了閱讀空間和美麗的海景，更營造了與自然共存的獨特氛圍。隨著周邊住宅區的建設，這種設計理念吸引了許多在北京難以購房的買家，使他們能夠享受更舒適的海邊生活。當時的公司，主要參與了位於北京北邊荒廢長城下的一個村落改造計畫，目標是將其轉變為多功能社區空間。在設計過程中，我們充分考慮自然地形，創造了一個靈活的場域，可以用作藝廊、貴賓聚會或銷售活動，給古老村落注入了新活力。

國際經驗方面，我曾於英國於工作一段時間，當時 Richard Rogers 設計的豪宅「Park One」正在興建，開發商巧妙利用蛇形展覽作為推廣策略，邀請潛在購屋者親臨體驗此頂級項目的獨特魅力。這種結合展示與推廣的方式讓我印象深刻。

隨著市場需求的變化，設計的重心逐漸從外觀和造型轉向使用者體驗與軟體設計。再看回國內勤美璞真的設計案例，李瑋珉老師創作的空中盒子，以一條樓梯通往空中，整體造型獨特，內部設計也相當出色。隨著時間的推移，讓我逐漸感受到市場的轉變，單憑硬體造型已難以持續吸引大眾的目光。現在更需要透過軟體設計來提升使用者的整體體驗。

謝仕煌建築師事務所建築師謝仕煌（以下簡稱謝）：在接待中心的設計中，我們通常接手時已經歷多次轉手，從代銷公司到開發商，再到我們手中。作為建築師，我們必須在有限的時間內滿足工程和法規要求，這使得我們無法深入投入設計細節。常常只能快速完成項目，回頭看時會感到遺憾，因為在這個角色上我們缺乏對建築表現的發言權。與達永建設集團的合作是一次特別的經歷，他們通過設計文案重新激發

了我們對建築的熱情。例如，在規劃「消失製造所」時，我們復刻了傳統的藍染工藝，這種源自天然植物靛藍的染布技術不僅需要大量垂直空間晾乾布料，也要求我們將現代建築與傳統工藝結合。至於「吉祥道」，項目位於都市繁華地段，設計主軸強調生活細節，包括「食、衣、住、趣」等方面。因此，我們選擇白色作為建築主色調，雖然白色容易顯露污漬，但它最純粹地展現了建築的簡約之美。同時，我們大量使用玻璃和夜間照明，讓這個都市中的「玻璃盒子」在夜晚的燈光下與城市夜景融為一體。

然而，設計過程中面臨的挑戰之一是與業主之間的溝通。設計往往需要根據他們的需求反復修改，但有時他們難以清楚表達想要的效果。這使我們必須不斷揣摩，像廚師一樣調試「味道」，反復調整設計方案，直到達成雙方滿意的結果。

接待中心透過創造話題吸引關注並推動銷售

𝕵：接待中心如何創造話題吸引關注並推動銷售？

洪：其實我們公司在接待中心的經驗相比於兩位前輩還算較淺，至今只操作過兩個項目，分別位於台中和台北。這兩個項目各具特色，尤其是台北的項目，位於一棟歷史悠久的老建築，原為合作金庫的員工宿舍。建設公司的初衷不僅是打造新房子，還希望能融入社區，獲得居民的認同感。為此，設計團隊投入大量時間深入探索該區域的歷史，並與鄰里建立連結。他們舉辦了各種活動，從協調會議到鄰里聚餐、書法課程到烹飪體驗，活動累計超過千場。我們負責的策展實際上是一項潛銷計畫，考慮到來此購房的多為當地地主或居民，我們的策展希望在潛在買家進入空間時，喚起他們對這片土地的記憶，並通過「記憶的河流」這一概念貫穿整體展覽，觸發情感共鳴，從而提高銷售成功率。

接待中心藉由不同事件、活動
的介入，可以有更多的可能性
產生。

——洪浩鈞

至於台中的項目，是一個全新打造的接待中心。在與建築師
和建設公司討論時，我們希望賦予這個接待中心截然不同的
風貌。當時我們的構想較為大膽，也許正因如此最終沒有實
現（笑）。我們將「水」和「冰」的意象融入設計，並規劃
了一個互動場景，客戶進入時需穿越一座瀑布，接著進入後
方的冰洞，四周被冰雪環繞，展示台則模擬成一個巨大冰塊，
內嵌建築模型。建設公司當時非常喜歡這個想法，但最終因
其他原因未能實現。

莊： 我認為關鍵在於，不要將接待中心局限於銷售商品的角
色。接待中心應成為一個能吸引人們參與多元活動與內容的
空間，才能真正具備活力並實現長期發展。例如，現在的「吉
祥道」計畫，旨在打造一個社區型商店街，雖然實驗仍在進
行，但目標並非僅為賣房子，而是要明確自己真正想做的事
情。我們希望貼近消費者需求，而不是單方面告訴他們「我
要給你什麼」。在提供服務之前，先瞭解他們的需求，才是
我們長期追求的模式。「吉祥道」的形式是經過多次討論得
出的結果，就像是日本重視本土文化，自然形成許多特色商
圈，我希望透過「吉祥道」來強調社區的重要性，喚醒大家
對台灣本土文化的重視。

在銷售成果方面，整體銷售和行銷預算的控制也帶來了正面
影響。隨著自然流量的增加，我們無需刻意推銷，尤其在這
樣特別的項目中，消費者對品牌的認同感逐漸提升，能感受
到我們提供自由參觀的環境，而非單純的銷售。傳統接待中
心有時給人一種富麗堂皇的感覺，令人畏懼。我們創造的氛
圍旨在減少消費者對房屋銷售的距離感，使每個人都能輕鬆
進入，並與家人分享發現。希望這樣的場域不僅是商業行為，
更是增進鄰里互動的平台，未來房屋需與周圍居民融合，而
非孤立存在。

圖片提供｜Üroborus Studiolab／共序工事　攝影｜賴麒羽

4.5. 於接待中心策劃展覽，「記憶的河流」作為主題貫穿，當
在潛在買家進入空間時，既能喚起他們對這片土地的記憶、觸
發內心的情感共鳴，進而提高銷售的成功機率。

謝：從建築師的角度來看，我們的角色並不是主導話題的創造，而是輔助業主，幫助他們突顯設計理念，使整體構思更加吸引人。勒・柯比意曾用機器比喻住宅，提出「住宅是居住的機器」的觀點。雖然在一百年前，當人們迫切需要功能性空間時，這種看法可能是適宜的，但隨著時間的推移，我們現在更注重建築所承載的情感價值。真正讓人感動的，仍然是建築設計本身。人們是否被建築吸引，往往取決於其中所傳遞的情感，這種感受就像我們在欣賞歐洲的教堂和古跡時與歷史產生的共鳴。在當代設計中，我們應該回歸生活層面的詮釋。作為建築師，我們的工作就是努力最大化建築設計的表達，讓大眾認識到這些場域不僅是單純的商業空間，更是與人們生活緊密相關的內容。創建一個不似傳統接待中心的空間，挑戰在於如何將其轉變為特色商店，而不僅僅是銷售中心。它應該與周圍環境融合，成為整個商業體驗的一部分。這種設計不僅要具備功能性，更要提升與其他商業形式的結合，實現某種程度的去商業化。有時，設計中的「去商業化」反而更具挑戰性，使整個過程更加微妙。這種探索十分有趣，因為它讓我們能創出更具意義的空間。

從根本問題出發，為產業找到新的機會與方向

〕：從各自的角度談談近期在傳統接待中心尋求突破的契機與思考？

莊：最初在接待中心進行改造的動機，源於我不想浪費資源的心態，而不是刻意追求突破或轉型。對於台灣一般的接待中心而言，購房者通常只會來訪三到五次，實際使用機會極為有限，平時主要由工作人員使用。而既然接待中心是既定要執行的環節，我更進一步思考，如何讓空間做最大化使用，同時也具有意義。

最初，我們以咖啡廳的形式入駐，隨後逐步擴展到書店，並與傳統文化團體和設計單位等不同領域合作。隨著這些合作的推進，接待中心的定義愈加模糊，呈現出多元融合的效果。儘管在推動這些改變時常常面臨質疑，例如「接待中心的目標不就是賣房子嗎？為什麼要做這些多餘的事？」但我們的嘗試確實對市場產生了影響，愈來愈多的人開始認可我們的做法。我始終相信，接待中心的意義不僅僅是銷售房屋，更應該增強與消費者和在地居民的理念溝通，儘管實施過程中面臨諸多困難，但這是一個值得追求的目標。

洪：我認為台灣的建築公司大多仍然相對保守，但他們同樣面臨著新一輩的加入所帶來的轉型挑戰。雖然我接手的項目大多不是直接與銷售或房地產相關，但更多是幫助第二代或第三代的產業轉型，例如電梯製造商和國際食品集團。在當前市場環境的變化中，許多人面臨不斷變化的挑戰，若不尋求突破，就可能被市場淘汰。正因如此，他們帶著危機感來找我們尋求解決方案。

起初，我們對該如何進行並不確定，只能透過設計來協助他們。一開始，我們採用了傳統的設計方式進行硬體更新，但漸漸發現這樣的方法並不足夠。以「鳳嬌催化室」為例，我們發現業主的初衷只是想將製造的特殊紙張販售出去，但實際上，大多數人並不知道這些紙張的用途。單靠傳統的販賣行為，很難真正吸引他們的興趣。因此，當我們開始介入後，便建議業主重新定義這個空間的角色。與其讓它看起來像是一個賣紙的地方，不如將其打造成一個展覽空間，讓所有人都能進來，體驗與紙相關的一切。除了透過展覽展示紙的藝術性外，還可以舉辦講座和其他藝術活動，以吸引更多潛在的客戶。這項嘗試最終證明是成功的。

不單憑自己的創意,更需整合
各方意見,以找到最合適且最
具平衡性的解決方案。

——謝仕煌

圖片提供|達永建設集團

6.7. 名為「消失製造所」為達永建設集團先前所推出的接待中
心,以消逝的文化復興為號召,喚醒了城市人對所處環境的時
代記憶。謝仕煌在規劃時,整合建築、工藝、文化及生活型態
等各個層面,復古與現代元素相互交融,既帶來衝擊感,又毫
無違和,營造出一種和諧而富有魅力的空間氛圍。

6
7

另一個「QUAN_ 泉。場」,此項目的業主是從事電梯製造
業的傳統產業,因為他們在工業區待了多年,對傳統的製造流
程相當重視,想法也相對保守。在進行空間改造時,我們提出
了「第五次工業革命」的核心理念。雖然業主對這個新穎的概
念感到困惑,但我們的目標是打破傳統工廠的印象,讓這除了
生產製造功能外,還能融入其他人和事件,使空間變得不一
樣。最終「QUAN_ 泉。場」成功轉型為一個多功能的展覽
空間,並開始舉辦各種活動,如藝術展覽,甚至還舉辦了搖滾
演唱會。這些活動不僅吸引了工業界的人士,也讓一般民眾有
機會進入這個原本封閉的製造環境,了解工業的轉變與進步。

謝:我在這個行業工作了很長一段時間,時間壓力一直是我們
面臨的主要挑戰。以接待中心項目為例,除了銷售壓力外,還
必須在有限的時間內遵循相關法律法規,確保項目按時完成,
這對我們來說極具挑戰性。由於項目涉及不同領域的合作夥
伴,我將這種合作形容為「參與式設計」。我們不能單憑自己
的創意,而是要整合各方的意見,找到最合適、最平衡的方
案。這過程中,頻繁的討論與協調是常態,儘管過程辛苦,但
隨著進一步交流,彼此總能找到共識並確定最終方案。這一
刻,壓力才真正得以釋放,團隊也終於能鬆一口氣。儘管每個
項目操作的初期階段,甚至過程中都充滿了不確定性和擔憂,
但隨著與業主的深入合作,彼此逐漸適,使項目進展得更加順
利,最終成功完成。

尋求志同道合的夥伴,讓合作創造出多方共贏的局面

**丿:如何看待這種跨域合作的趨勢?以及怎麼與不同團隊合
作與整合?**

莊:我們都在做無前例可循的專案,要成功進行整合,團隊至

關重要。在跨界合作的過程中，需要團隊擁有開放、靈活、創意與抗壓的特質，整合不同領域的專業與需求，最後協調彙整成可行方案，若沒有一定理念及熱忱，將無法完成專案。

在尋求不同業態品牌時，尋找與我們理念相近的合作夥伴也極為關鍵。如果理念差異太大，或者合作方完全不願意做出任何調整，堅決維護自己的模式，我們則傾向於不強求合作。這次在「吉祥道」裡，邀請了「萬秀洗衣店」和「果嶼永續概念店－好島集」參與。「萬秀洗衣店」透過複合式的二代店，傳遞洗衣職人精神之外，也體現永續社區共好的樣貌，而「果嶼永續概念店－好島集」則專注於社會永續觀念的推廣，更號召 20 家社企品牌共同響應，這些品牌與我們的理念相符，使得推動合作的方向更加一致，進而增強了項目的整體價值和影響力。

洪：在之前的工作經驗中就已經開始與不同單位合作，而我自己也非常喜歡接受外界的衝擊，這種衝擊讓我意識到，事情可以有更多的可能性。因此，當我自己開始創業時，主動尋求合作夥伴，而不僅僅是執行項目。藉由跟他們的討論，我獲得了許多新的想法，進而在這個過程中，大家逐漸磨合，形成了更緊密的合作關係。最早與「鳳嬌催化室」的合作帶來了深刻的藝術和文化啟發，而每次合作初期，信任是關鍵。在「QUAN＿泉。場」項目中，我們原本已設計好空間，但業主對使用方式不太清楚。於是，在改造期間我們邀請了三位藝術家參觀工廠及工業區，他們的回饋幫助我們更好理解和運用該場地，最終促成了這裡的首場展覽，並徹底改變了工廠的使用印象。

在這樣的合作過程中，我們並不是單純的雇傭關係，而更像朋友之間的合作。越來越多的單位開始採用這種相互支援的模式，這也讓我思考是否有更新的合作方式。最近完成的「神農氏｜SHEN NONG SHI」專案融合了 AI 科技，探索未來餐飲體驗，給我和同仁帶來了很大啟發。該專案涉及全新領域，討論時不僅需要改造空間，還要滿足業主的軟體需求，這促使我們進行更深入的交流。儘管一開始對他們的討論內容不完全理解，但這種衝擊促使我們思考如何幫助業主實現前衛的願景，設計出既實驗性又有趣的場域，充分利用他們的創意。這正是我在設計工作中最享受的挑戰。

謝：大多數廠商在建築方面是素人，往往缺乏表達自己想法的經驗。因此，在與他們接觸時，我們常常需要扮演「翻譯者」的角色，將他們的需求轉化為 3D 圖紙或工程設計圖。以「吉祥道」為例，進駐的每個廠商都會提出具體需求，我們則逐一進行溝通。例如，「紅氣球書屋」強調氣球的元素，如何將氣球的特質展現出來顯得尤為重要。這對我而言可能有些抽象，因此我只能細細傾聽他們在其他店鋪的經驗，儘量揣摩他們想要的空間意象。另外，書店經營中所面臨的書籍數量與擺放方式，以及所對應的櫃子類型等，都是我們需要關注的重點。在這個過程中，建築師的角色是確認需求後，進行定位和定量分析，並將這些資訊轉化為設計圖紙，以便進行進一步討論，確保設計符合他們的期望。

作為建築師，我們的工作範圍涉及建築結構、開工時機、使用許可等多個方面，負責整個建築生命週期的任務。然而，長時間從事同一類型的工作往往讓人感到麻痺。面對像「吉祥道」這樣的項目，我們不僅僅是在做一個接待中心，同時還要整合各方的需求，這個過程確實刺激了我們的創造力，也找回做設計的熱情。

ACTIVITY

市場脈動・產業交流

AWARDS —— 2024 台灣室內設計大獎揭曉

亞太及華人地區室內設計專業指標獎項台灣室內設計大獎（TID Award）頒獎典禮暨設計師之夜，於 9 月 20 日舉行，同時發表 TID 金獎、新銳設計師獎、評審團特別獎等獎項。從今年得獎作品當中也看到設計師們除了展現設計實力外之外，更跳脫設計的形式，積極思考「空間設計」如何面對不斷更迭的社會面貌。

2024 台灣室內設計大獎揭曉
設計翻轉視野，開啟全新視界

第 17 屆台灣室內設計大獎（**TID Award**）頒獎典禮暨設計師之夜於 **9 月 20 日**圓滿落幕，今年同樣於「**臺北表演藝術中心**」球劇場舉辦，最終決選出 **11 座 TID 金獎**，同時頒發新銳設計師獎、評審團特別獎，從本屆得獎作品當中也看到設計師們除了展現設計實力外之外，更跳脫設計的形式，積極思考「空間設計」如何面對不斷更迭的社會面貌。

文、整理｜余佩樺　資料暨圖片提供｜中華民國室內設計協會 CSID　攝影｜周嘉慧

獎者座席設於舞臺中央，以全新視角參與典禮

「TID Award」由中華民國室內設計協會 CSID 榮譽理事長姚政仲創立，經過數位前任理事長的不遺餘力，尤其是榮譽理事長龔書章及輔導理事長趙璽的接續與推動後，今年由理事長林彥穎策劃，期許能為 TID Award 開啟更廣闊的面向。

本屆頒獎典禮以「翻轉視野，打開視界」為主軸，特別再次選址臺北匯聚創意能量的藝文樞紐「臺北表演藝術中心」球劇場舉辦，同時規劃得獎者座席於舞臺中央，讓得獎者能以不同以往的視角參與典禮，呼應主軸的同時，也打破觀眾席單一視角來自臺下的框架。同時，由於球劇場結構與一般制式展演場地有所不同，TID Award 希望透過動線上的翻轉，呼應室內設計師們在空間設計上的小巧思，傳遞「玩空間」的精神！

將觀察轉化為文化符號，讓作品化為時代的生活印記

TID Award 一直以來秉持開創、鼓勵、相互觀摩的態度，發揚設計精神，更於 2023 年正式將永續再生設計、社會通用設計、創新技術設計、全齡設計或其他具有時代精神等設計之重要議題加入評選標準及給獎範圍，並透過具備內涵與視野的評審團選出有別以往的美學作品。本屆共頒發 11 件 TID 金獎，其中有 4 件住宅類作品，高達三分之一的得獎比例，可見住宅類作品仍是今年 TID 競爭最激烈，也是最精彩的項目。TID 金獎作品包含：寬珩設計陸威年／林詠瑄「私。美術館」、今古鳳凰設計機構葉暉「自然之栖」、合風蒼穹設計有限公司張育睿／林毅軒／林裳嫻「山谷之家」、杭州山地土壤室內設計董甜甜「莨園主題概念空間」、覺知造所室內裝修有限公司胡廷璋／鍾雨潤／趙雨儂「大群動物醫院」、廈門喜馬拉雅設計裝修有限公司胡若愚「喜馬拉雅設計辦公室」、本埠｜蔡嘉豪建築師事務所「氤氳時代–鐵道博物館台北機廠員工澡堂常設展」、加減建築設計（廣州）有限公司趙煒昊／胡／曾喆「SHEERIN 協銳岩板 2023 廣州設計週展廳」、永哲和語建築制作張哲毓／林天永／黃冠語「光棚計畫 - 彰化縣湖東國小韻律教室改造（學美美學 4.0）」、曉房子聯合建築師事務所許晃銘「禾光之屋」、RMA 共和都市黃永才「銹 Jazz Club」。

圖片提供｜中華民國室內設計協會 CSID　攝影｜周嘉慧

2024 TID 金獎評審胡氏藝術公司執行長及双方藝廊創辦人胡朝聖表示，文化來自於美學的累積與總和，而室內設計存在於城市中最細微之處，如任何一種藝術與文化的表現方式，皆為生活的另一種再現。他也勉勵在場所有得獎者們，將自己的觀察勇敢而有自信地轉化為文化符號，讓每件作品都能化約為時代的生活印記，用自己的品味、創意與美學建構出台灣、甚至推及亞洲，這個世代的室內設計美學。

新銳設計師獎由系崍設計有限公司黃崇文以「饅頭實驗所」獲得，設計師黃崇文表示，這是他獲得的第一個 TID Award 獎項，希望之後能創造更多讓大家驚艷，兼具實用與美觀的空間。而今年的評審團特別獎由草原市務所黃薔、黃順奇「煌奇石業廠區改造設計」獲獎，設計師黃薔祝福每位設計師都能在夢想的工作與完美的生活之間取得平衡。

中場表演節目桑布伊帶動氣氛，創造典禮亮點

TID Award 除了頒獎典禮外，更是設計師們的年度盛會。中場由桑布伊帶來的表演節目，以極具穿透性的嗓音為本屆頒獎典禮創造亮點，感染力十足。而典禮結束後，與會者們由觀眾席起身，穿越舞臺，在球劇場的另一端開啟設計師之夜；由 CSID 會員組成的樂團擔綱主演，為晚宴帶來另一波高潮！

1. 首度規劃得獎者座席於舞臺中央，讓得獎者能以不同以往的視角參與典禮，打破觀眾席單一視角來自臺下的框架。2. 中場由桑布伊帶來的表演節目，以極具穿透性的嗓音為本屆頒獎典禮創造亮點，感染力十足。

1

2

室設圈
漂亮家居

07 期，2024 年 10 月

訂閱方案

定價 NT. 599 元　特價 NT. 499 元

方案一　訂閱 4 期

優惠價 NT. **1,888** 元　（總價值 NT. 2,396 元）

方案二　訂閱 8 期

優惠價 NT. **3,688** 元　（總價值 NT. 4,792 元）

方案三　訂閱 12 期加贈 2 期

優惠價 NT. **6,188** 元　（總價值 NT. 8,386 元）

· 如需掛號寄送，每期需另加收 20 元郵資 · 本優惠方案僅限台灣地區訂戶訂閱使用 · 郵政劃撥帳號：19833516，戶名：英屬蓋曼群島商家庭傳媒股份有限公司 城邦分公司

我是 □ 新訂戶 □ 舊訂戶，訂戶編號：

起訂年月：　　　年　　　月起

收件人姓名：

身份證字號：

出生日期：西元　　年　　月　　日　性別：□ 男　□ 女

聯絡電話：（日）　　　　　　（夜）

手機：

E-mail：

收件地址：□□□

婚姻：□ 已婚　□ 未婚

職業：□ 軍公教　□ 資訊業　□ 電子業　□ 金融業　□ 製造業
　　　□ 服務業　□ 傳播業　□ 貿易業　□ 學生　□ 其他

職稱：□ 負責人　□ 高階主管　□ 中階主管　□ 一般員工
　　　□ 學生　□ 其他

學歷：□ 國中以下　□ 高中/職　□ 大學專科　□ 碩士以上

個人年收入：□ 25 萬以下　□ 25～50 萬　□ 50～75 萬
　　　　　　□ 75～100 萬　□ 100～125 萬　□ 125 萬以上

我選擇用信用卡付款：□ VISA　□ MASTER　□ JCB

訂閱總金額：

持卡人簽名：　　　　　　　　　　（須與信用卡一致）

信用卡號：　　　　—　　　　—　　　　—

有效期限：西元　　　　年　　　　月

發卡銀行：

我選擇

□ 方案一　訂閱《i 室設圈｜漂亮家居》4 期
　　　　　優惠價 NT. 1,888 元 (總價值 NT. 2,396 元)

□ 方案二　訂閱《i 室設圈｜漂亮家居》8 期
　　　　　優惠價 NT. 3,688 元 (總價值 NT. 4,792 元)

□ 方案三　訂閱《i 室設圈｜漂亮家居》12+2 期
　　　　　優惠價 NT. 6,188 元 (總價值 NT. 8,386 元)

詳細填妥後沿虛線剪下，直接傳真（請放大），或黏貼後寄回。
如需開立三聯式發票請另註明統一編號、抬頭。
您將會在寄出三週內收到發票。本公司保留接受訂單與否的權利。
★ 24 小時傳真熱線（02）2517-0999（02）2517-9666
★ 免付費服務專線 0800-020-299
★ 服務時間（週一～週五）AM 9:30～PM 18:00
歡迎使用線上訂閱，快速又便利！城邦出版集團客服網 http://service.cph.com.tw

注意事項：1. 主辦單位保留贈品變更之權利。2. 受贈者不得要求贈品轉換、折讓或折抵現金。3. 活動時間至 2025 年 3 月 31 日止。
4. 本訂閱方案僅限台灣地區收件者，贈品體積不適用郵政信箱。5. 客服專線：0800-020-299。